I0136785

LE

PARADIS PERDU

TOME II

PARIS
LIBRAIRIE DE LA BIBLIOTHÈQUE NATIONALE
L. BERTHIER FRANÇOIS

BIBLIOTHÈQUE NATIONALE

COLLECTION DES MEILLEURS AUTEURS ANCIENS ET MODERNES

MILTON

LE PARADIS PERDU

TRADUCTION DE DUPRÉ DE SAINT-MAUR

TOME II

PARIS

LIBRAIRIE DE LA BIBLIOTHÈQUE NATIONALE

PASSAGE MONTESQUIEU (RUE MONTESQUIEU)

Près le Palais-Royal

1892

BIBLIOTHÈQUE NATIONALE

COLLECTION DES MEILLEURS AUTEURS ANCIENS ET MODERNES

MILTON

LE PARADIS PERDU

TRADUCTION DE DUPRÉ DE SAINT-MAUR

TOME II

PARIS
LIBRAIRIE DE LA BIBLIOTHÈQUE NATIONALE
PASSAGE MONTESQUIEU (RUE MONTESQUIEU)
Près le Palais-Royal

1892

LE PARADIS PERDU

LIVRE HUITIÈME

ARGUMENT

Adam fait diverses questions sur les mouvements célestes. Il reçoit une réponse douteuse, et une exhortation de chercher plutôt à s'instruire de ce qui lui peut être utile. Il y souscrit, et pour retenir Raphaël, il lui rapporte ses premières idées après sa création. Comment il fut enlevé dans le Paradis terrestre. Son entretien avec Dieu touchant la solitude. Il obtient une compagne, et raconte à l'Ange quels furent ses transports en la voyant. Raphaël lui fait là-dessus une leçon utile et retourne au Ciel.

L'ange finit; sa voix laissa dans l'oreille d'Adam une impression si charmante, qu'il croyait toujours l'entendre, et qu'il continuait d'être attentif : enfin il revint à lui comme quelqu'un qui s'éveille, et il fit ainsi éclater sa reconnaissance.

Non, je ne saurais te rendre assez de grâce, divin interprète ; tu as pleinement étanché la soif de science dont j'étais altéré, et ta bonté nous a appris des choses que sans toi nous n'eussions jamais pénétrées : elles nous ont frappés jusqu'au ravissement; il est juste que nous en rendions gloire au Très-Haut; mais il me reste encore un doute que tu peux seul me résoudre. Quand je considère l'admirable structure et la grandeur de ce monde, composé du ciel et de la terre. Quand je songe que cette terre, comparée au firmament, n'est qu'une motte de terre, un grain, un atome : lorsque d'un autre côté j'envisage ces étoiles nombreuses qui semblent parcourir des espaces incompréhensibles; car la distance de ces astres et la promptitude de leur retour journalier en sont une preuve, je me perds dans mes raisonnements. Et-il possible, dis-je, que tant de merveilleuses substances soient uniquement faites pour répandre jour et nuit la lumière sur un objet si petit? Comment la nature économe et sage est-elle tombée dans de telles disproportions? Pourquoi d'une main peu discrète a-t-elle créé pour un usage qui paraît si borné, tant de corps, plus grands et plus sublimes? Fallait-il sans aucun relâche imposer à leurs orbes une semblable course qu'ils recommencent tous les jours, tandis que la terre, qui pourrait faire un moindre circuit en tournant sur son centre, servie par des êtres plus nobles qu'elle-même, reste dans un profond repos, arrive sans peine à ses fins, et tire à tous moments un tribut de chaleur et de lumière qui parviennent jusqu'à elle avec une activité dont les corps ne sont point capables et dont les nombres mêmes ne sauraient exprimer la vitesse?

Notre premier père parla de la sorte. Sa contenance fit connaître qu'il allait se livrer à des spéculations abstraites et profondes. Eve, que la bienséance avait retenue jusqu'ici avec eux, mais que la modestie avait empêchée d'entrer dans la conversation, s'en aperçut. Elle se leva avec humilité, mais en même temps avec grâce, et elle se retira pour visiter les fruits, les plantes et les fleurs qui désiraient sa présence. Ce n'est pas qu'elle s'ennuyât de leurs discours, ou que des entretiens si sublimes fussent au-dessus de sa portée. Elle se réservait le plaisir d'en entendre le récit de la bouche d'Adam quand elle serait seule avec lui. Elle crut qu'il convenait mieux d'exposer ses doutes à son époux et qu'elle serait plus en droit de lui faire des questions qu'au céleste ministre. Elle savait bien qu'il entremêlerait cet entretien sublime de digressions agréables et de témoignages d'amitié : les paroles d'Adam eussent été peu sensibles pour elle sans marques de tendresse. Quand trouverons-nous des époux dans qui l'amour égale le respect, dans qui le respect égale l'amour. Elle se retira avec une démarche divine ; les grâces la suivirent et laissèrent à leur place le regret de son départ. Après qu'elle se fut éloignée, Raphaël répondit avec une douce complaisance aux doutes qu'Adam avait proposés.

Je ne blâme point l'envie que tu as de t'instruire. Le ciel est comme le livre de Dieu : il est placé devant toi pour que tu y lises ses merveilles et pour que tu connaisses les saisons, les heures, les jours, les mois et les années. Mais il n'importe point de savoir si le ciel se meut ou la terre, pourvu que tu comptes juste. Le Grand Architecte fit sagement de cacher plusieurs choses aux hommes comme aux anges et de ne point prodiguer ses secrets ; on doit plutôt les admirer que chercher à les approfondir. Peut-être même a-t-il abandonné cette structure céleste aux jugements des humains, pour se jouer de leurs vagues et folles opinions, lorsqu'ils viendront dans la suite des temps à faire le plan des cieux et à calculer les étoiles. Il se rira des vains efforts de leur esprit, quand ils travailleront à remuer la puissante machine de l'univers. Que n'imagineront-ils point pour expliquer les divers phénomènes? Ils construiront, ils renverseront, ils ceindront la sphère embarrassée de concentrique, d'excentrique, de cycle, d'épicycle, d'orbe l'un dans l'autre. Par tes raisonnements, je conjecture ceux de tes descendants, car ta conduite entraînera ta postérité. Tu trouves mauvais que les corps plus grands et lumineux en servent un moindre qui n'est pas brillant, et que le ciel fasse tant de chemin pendant que la terre se repose toujours, quoiqu'elle reçoive seule tout l'avantage. Considère d'abord que le grand ou le brillant ne sont pas des marques assurées de l'excellence. La terre, quoique si petite et si sombre en comparaison des cieux, peut posséder quelque chose de plus parfait que le soleil qui n'a que l'éclat et dont la vertu inutile à soi-même, opère seulement sur la terre fertile. C'est là premièrement que ses rayons, d'ailleurs oisifs, exercent leur vertu, encore ses feux ne sont-ils point faits pour le service de la terre, mais pour toi habitant de ce globe. La vaste circonférence du ciel publie la magnificence de l'auteur qui l'a formé : son étendue annonce à l'homme qu'il ne possède point en propre ce monde, édifice trop spacieux pour lui : aussi n'en occupe-t-il qu'une petite portion, le reste est ordonné pour des usages mieux connus à son souverain. Attribue la rapidité, quoique inconcevable de ces cercles, à la toute-puissance, qui pouvait donner aux substances corporelles une activité presque spirituelle. Si cela t'étonne, quelle sera ta surprise quand je te dirai que, après l'aurore levée, je suis parti des palais où réside l'Eternel, et que je suis arrivé avant le midi en Eden, distance que tous les nombres connus ne sauraient exprimer. Tu vois par là comme est faible ce qui t'a excité à douter, cependant je t'avertis que je n'ai fait que supposer ce mouvement du ciel, je ne l'affirme point, quoi qu'en disent tes yeux. Mais les sens sont trompeurs. L'Eternel a placé des espaces immenses entre le ciel et la terre, afin que la vue humaine, si jamais elle veut trop embrasser, se perde comme dans un abîme, sans tirer aucun avantage de ses efforts. Que dirais-tu si le soleil était le centre du monde et si les autres étoiles, répondant par une propriété merveilleuse à sa vertu attractive, roulaient autour de lui en différents cercles. Tu remarques des mouvements inégaux dans six de ces astres, tu les vois tantôt hauts, tantôt bas, puis cachés, directs, rétrogrades ou stationnaires. Eh ! quoi, si la terre, étant elle-même pour les autres une septième planète, quoiqu'elle semble si stable, se mouvait insensiblement de trois mouvements différents, tu ne serais plus obligé alors de rapporter ces irrégularités à différentes sphères mues en des sens contraires et qui se croisent obliquement : car c'est ce que tu es obligé d'admettre si tu fais tourner le soleil et le grand mobile que tu places sans le voir au-dessus des étoiles, comme la roue du jour et de la nuit. Tu n'as plus besoin de toutes ces sphères, s'il est vrai que la terre industrieuse se procure elle-même le jour voyageant à l'orient, et qu'elle aille au devant de la nuit en dérobant un hémisphère aux rayons du soleil, tandis que ces mêmes rayons éclairent l'autre moitié de son globe. La lune, avec son flambeau dissipant les ténèbres, égale pendant la nuit l'obscurité de la terre. Que dirais-tu si la terre, renvoyant vers la lune cette lumière qui lui vient de jour à travers les champs transparents de l'air, était, pendant que tu jouis du soleil, un astre nocturne pour cette planète. Conçois-tu que toutes

deux peuvent être de même nature; que la
lune peut avoir des campagnes et des habitants? Tu vois ses taches comme des nuages,
les nuages se fondent en pluie, et la pluie,
ramollissant son terrain, pourrait produire des
fruits destinés pour la nourriture de quelques habitants. Peut-être même découvriras-
tu un jour d'autres soleils, et dans leurs
tourbillons d'autres lunes, qui formeront
ensemble un mélange de lumière mâle et fe-
melle : qui sait si ces deux sexes qui ani-
ment le monde ne sont point placés dans
chaque planète; car que tant de corps immenses dans la nature soient dénués d'âmes
vivantes, déserts, et seulement faits pour
briller, et que cependant chaque orbe con-
tribue à peine un rayon de clarté arrivant
de si loin, a cette partie habitable qui leur
renvoie de nouveau la lumière; c'est ce qui
fournira toujours un champ pour la dispute.
Mais de quelque manière que soient les
choses, soit que le soleil dominant le ciel se
lève pour la terre, ou que la terre se lève à
l'égard du soleil, soit qu'il entre par l'orient
dans sa carrière ardente, ou que, tournant
sur son axe de l'occident au levant, la terre
s'avance d'un pas ferme et réglé et qu'elle
t'emporte doucement avec l'air fluide, n'é-
tends point tes recherches au delà des bornes que Dieu t'a prescrites : laisse-lui son
secret, songe seulement à le servir et à le
craindre, qu'il dispose à son gré des autres
créatures, quelque part qu'elles soient pla-
cées; jouis de ce qu'il te donne, jouis de ce
paradis et de ta belle Eve. Le ciel est trop
haut pour que tu puisses distinguer ce qui
s'y passe. Sois humblement sage, songe uniquement à ce qui te regarde. Ne t'occupe
point d'autres mondes, des créatures qui s'y
trouvent, de leur état, de leur condition, ni

de leurs degrés, mais contente-toi de la connaissance des choses qui t'ont été révélées
sur la terre et dans le ciel.

Adam, satisfait de sa réponse, lui répliqua : Quelle obligation ne t'ai-je point, pure
intelligence? De quel embarras ne m'as-tu
point tiré? Tu m'as enseigné à vivre de la
manière la plus douce, sans me livrer à des
pensées épineuses qui ne sont propres qu'à
troubler le repos de la vie; le Seigneur a
voulu éloigner de nous les soins pénibles, il
nous épargnera les chagrins, à moins que
nous les cherchions nous-mêmes dans l'égarement de nos pensées et de nos vaines notions.
Mais l'esprit et l'imagination sont sujets à
s'emporter, s'ils ne sont tenus en bride, et ils
ne cessent point de s'égarer jusqu'à ce que,
instruits par l'expérience, ils apprennent
que la vraie sagesse n'est point de savoir
une infinité de choses éloignées de l'usage,
obscures et subtiles, mais de connaître ce
qui se rencontre tous les jours de la vie en
notre chemin : le reste n'est que fumée, n'est
que vanité, et nous laisse sans expérience et
toujours indécis dans les points qui nous in-
téressent le plus ; consens donc à descendre
de ce haut degré, prenons un vol plus bas,
peut-être des objets plus simples me donne-
ront-ils lieu de te demander d'utiles éclair-
cissements, si tu veux bien le souffrir en me
continuant tes bontés. Je t'ai ouï raconter ce
qui a précédé ma création. Ecoute maintenant mon histoire, peut-être n'est-elle point
venue jusqu'à toi. Le jour n'est point encore
près de finir. Tu vois ce que je fais pour te
retenir. Pourquoi parlerais-je, si je n'espérais pas de t'engager à me répondre? Pendant que je suis avec toi, je m'imagine être
dans le ciel, et ton discours est plus doux à
mon oreille que les fruits du palmier ne sont

agréables au retour du travail à l'heure du repas. Ces fruits, quoique savoureux, lassent et rassasient, mais tes paroles remplies d'attraits plaisent sans pouvoir causer de dégoût.

Père des hommes, lui répondit Raphaël, avec une douceur céleste, tes lèvres ne sont point sans charmes, ni ta langue sans éloquence. Tu es créé à l'image de Dieu; il a versé abondamment sur toi ses dons, tant intérieurs qu'extérieurs; les grâces accompagnent tes paroles, et la noblesse de ton origine se fait sentir jusque dans ton silence. Dans le ciel même, nous ne te regardons pas autrement que comme notre compagnon, de service sur la terre, et nous recherchons avec plaisir les voies de Dieu envers l'homme; car nous voyons que la Providence t'a couronné de gloire et qu'elle a répandu sur toi son amour. Dis donc, le jour de ta création je me trouvai chargé d'un voyage fâcheux : je fus envoyé en détachement avec une légion choisie pour faire une excursion vers les portes de l'enfer. Nous marchâmes, tandis que Dieu était à son ouvrage. Il fallait empêcher de sortir du Tartare les troupes ou les espions des rebelles, de peur que le Tout-Puissant indigné ne fût forcé de joindre la destruction à la création. Ne t'imagine pas pourtant qu'ils osent rien entreprendre sans sa permission. S'il nous envoie porter ses ordres suprêmes, ce n'est que pour montrer sa grandeur, et pour nous tenir dans l'obéissance que l'on doit à son souverain. Nous trouvâmes les portes effroyables de l'enfer étroitement fermées et barricadées; mais, de loin, nous entendîmes au dedans des sons tristes et lugubres, le bruit des tourments, de hautes lamentations, une rage furieuse. Nous retournâmes avec joie aux côtés de la lumière avant le soir du sabbat : tel était notre ordre. Mais raconte maintenant, si tu as eu quelque plaisir à m'entendre, je n'en aurai pas moins à t'écouter.

La puissance céleste s'exprima de la sorte, et notre premier père prit la parole : Il est difficile pour l'homme de dire comment la vie humaine a commencé. Connaît-on avant que d'exister? Mais le désir de converser plus longtemps avec toi m'engage à te conter ma naissance. Comme nouvellement éveillé du plus profond sommeil, je me trouvai doucement couché sur l'herbe fleurie, trempé d'une sueur embaumée, que le soleil qui s'abreuve de l'humidité légère, sécha bientôt par ses rayons. Aussitôt je tournai vers le ciel mes yeux étonnés, et je regardai pendant un espace de temps le vaste firmament, jusqu'à ce que, poussé par un subit mouvement d'instinct, je me dressai comme tendant là-haut, et je me tins debout sur mes pieds. Autour de moi, de toutes parts, je vis des montagnes, des vallées, des bois épais, des plaines découvertes et des ruisseaux qui fuyaient en murmurant; j'aperçus encore des créatures qui vivaient, qui se remuaient, qui marchaient ou qui volaient. Des oiseaux chantaient sur les branches, l'air était parfumé; tout riait, mon cœur nageait dans la joie. Je m'examinai moi-même, et je considérai les diverses parties de mon corps. Quelquefois j'allais, quelquefois je courais pour me dénouer les membres et pour éprouver ma force; mais je ne savais point qui j'étais, où je me trouvais, ni comment j'existais. J'essayai de parler, et d'abord je parlai, ma langue obéit, et sur-le-champ nomma tout ce qui se présenta à mes yeux. Toi, soleil, dis-je, belle lumière, et toi, terre, séjour enchanté, montagnes, vallées, rivières, bois, plaines, et vous qui vivez et qui remuez, belles créatures, dites, si vous l'avez vu, comment ai-je reçu l'être? Comment suis-je venu ici? Ce n'est point de moi-même, j'ai donc été formé par quelque grand créateur prééminent en bonté et en puissance. Dites-moi comment puis-je le connaître? Comment dois-je adorer celui de qui j'ai reçu tant de grâces, la vie, le mouvement et le sentiment d'un bonheur plus grand que je ne saurais l'exprimer?

A ces mots, je partis sans savoir où j'allais, je m'éloignai de l'endroit où j'avais d'abord respiré l'air et envisagé pour la première fois cette heureuse lumière; enfin, comme je ne recevais nulle réponse, je m'assis pour méditer à l'ombre, sur un banc de verdure garni de fleurs. Là, un tendre sommeil pour la première fois me surprit et saisit d'un doux accablement mes sens assoupis, sans aucun trouble, quoique je crusse alors que je repassais insensiblement à mon premier état et que je rentrais dans le néant. Soudain je sentis se placer sur ma tête un songe dont la vision agréable me fit croire que j'existais encore et que je vivais. Quelqu'un dont le port me semblait divin s'approcha et dit : Adam, père des hommes et le premier d'entre eux, lève-toi : ta demeure t'attend. Je viens à tes cris pour te conduire au Jardin de délices que je t'ai préparé.

Il me prit par la main, me leva, et, par-dessus les campagnes et les rivières, me transportant doucement en l'air sans remuer les pieds, il me remit sur une montagne couverte d'un bois charmant. Le sommet formait une grande plaine : je vis un enclos vaste et planté des plus beaux arbres, avec des promenades et des berceaux tels, que je ne trouvais presque plus rien de beau dans

ce que j'avais auparavant admiré sur la
terre. Chaque arbre, chargé des fruits les
plus exquis et les plus tentants, excita en
moi un appétit soudain de cueillir et de manger. Je m'éveillai, et je trouvai réellement
devant moi tout ce que j'avais vu en songe.

J'aurais ici recommencé ma course vaga-
bonde, si la divine présence de celui qui m'a-
vait conduit sur la hauteur ne m'eût apparu
entre les arbres. Plein de joie, mais en même
temps de crainte et de respect, je me jetai à
ses pieds en l'adorant.

Il me releva et me dit avec douceur : Je
suis celui que tu cherches, auteur de tout
ce que tu vois au-dessus, alentour et au-
dessous de toi. Je te donne ce paradis, c'est
à toi de le cultiver. Mange librement de tous
les fruits qui croissent dans le jardin; ne
crains point ici de disette; seulement tu ne
toucheras point à l'arbre qui donne la connaissance du bien et du mal, et qui est placé
au milieu du jardin, près de l'arbre de vie. Je
t'en défends l'usage. Cette légère abstinence
sera le gage de ta foi et la preuve de ton obéissance. Qu'il te souvienne de l'avertissement
que je te donne. Abstiens-toi d'en goûter;
sache qu'au jour que tu en mangeras et que
tu trangresseras mon ordre unique, tu mourras. Dévoué dès l'heure même à la mort, et
privé de cet état heureux, tu seras relégué
dans un monde de malheur et de tristesse.

Il prononça d'un ton sévère la défense ri-
gide, dont mon oreille retentit encore, d'une
façon terrible, quoiqu'il soit en mon pouvoir
de n'en point encourir l'effet; mais bientôt
il reprit un aspect serein.

Je ne t'abandonne pas seulement, me dit-
il, cette belle enceinte, je te livre encore
toute la terre. J'en donne la souveraineté à
toi et à tes enfants. Possède-là en commun

avec eux et domine sur tout ce qui respire
ici-bas, dans la mer ou dans l'air : bêtes sauvages, poissons et animaux domestiques.
Pour t'en assurer par un signe, voilà les oiseaux et les animaux des différentes espèces,
je te les amène pour recevoir de toi leurs
noms et pour t'offrir leurs hommages avec
une humble sujétion. Ton empire s'étendra
aussi sur les poissons qui restent dans leur
demeure aquatique; ils ne se présentent pas
ici, l'air est trop subtil pour eux.

Comme il achevait ces mots, les oiseaux et
les animaux s'approchèrent deux à deux,
ceux-ci se traînant contre terre, d'une manière caressante; ceux-... battant des ailes
en s'abaissant vers moi; je les nommais à
mesure qu'ils passaient, je connaissais leur
nature : telle était la pénétration que Dieu
m'avait donnée; mais parmi toutes ces créatures, je ne trouvais point ce qui me manquait
encore, comme il me semblait; ainsi je pris
la liberté de parler à la céleste vision.

O! par quel nom t'appellerai-je, car au-
dessus de toutes ces espèces, au-dessus du
genre humain ou de ce qui est encore plus
haut que le genre humain, tu surpasses tous
les noms que je peux donner. Comment puis-
je t'adorer, auteur de cet univers créé en faveur de l'homme, pour le bonheur duquel tu
as si abondamment préparé de tes mains li-
bérales toutes ces choses; mais je ne vois
personne qui les partage avec moi. Quelle
félicité peut-on goûter dans la solitude, et seul
dans la jouisssance de tout, quel contentement peut-on trouver? Je fus assez pré-
somptueux pour parler ainsi, et la vision
brillante, avec un sourire qui en relevait
l'éclat, me répondit :

Qu'appelles-tu solitude? La terre et l'air ne
sont-ils pas remplis de diverses créatures?

Ne sont-elles pas toutes à ton commande-
ment pour contribuer à tes plaisirs? N'en-
tends-tu pas leur langage? Leurs façons d'a-
gir ne te disent-elles rien? Elles ont un instinct qui égale presque la science, et elles
s'expriment d'une manière si prochaine du
raison- ..ent, qu'elles peuvent t'amuser.
Fais-en donc tes plaisirs et gouverne-les.
Ton royaume est suffisamment éten'u. Ainsi
parla le Seigneur universel, ainsi semblait-il
ordonner; mais après avoir demandé avec
une humble prière la permission de parler,
je répondis :

Que mes paroles ne t'offensent pas, céleste
puissance, mon créateur, sois-moi propice
tandis que je parle : ne m'as-tu pas ici commis à ta place? ceux-ci ne sont-ils pas des
inférieurs au-dessous de moi? Entre inégaux,
quelle société peut s'assortir? Quelle harmonie ou quel vrai plaisir peut s'y trouver?
L'amitié veut des engagements réciproques :
elle se fonde sur un juste rapport d'humeur
et de condition; celui qui domine et celui qui
doit obéir ne se plairont jamais, mais il s'en-
nuleront bientôt l'un l'autre. Je parle d'une
société telle que je la cherche, propre à partager les plaisirs raisonnables que la brute
ne connaît point. Chacun des animaux s'a-
muse avec son semblable : ils s'attachent à
leur espèce. L'oiseau ne pourrait pas si bien
se satisfaire avec les bêtes sauvages, ni les
poissons avec les animaux domestiques, ni
le cygne avec le bœuf : l'homme peut encore
moins converser avec les animaux.

Le Tout-Puissant me répondit avec bonté :
Je vois, Adam, que tu te proposes un plaisir
fin et délicat dans le choix de tes associés et
que tu ne saurais goûter de plaisir dans la
solitude, quoiqu'ils te suivent partout. Que
penses-tu donc de moi et de mon état? Je

suis seul de toute éternité; car je ne connais ni second, ni semblable, encore moins d'égal : avec qui donc puis-je m'entretenir, si ce n'est avec mes productions, qui ont plus de disproportion avec moi que les moindres de mes créatures n'en ont avec toi?

Il cessa. Je répondis humblement : Toute pensée humaine est bien éloignée de pouvoir pénétrer la hauteur et la profondeur de tes voies éternelles; suprême entre les êtres, tu es parfait et rien ne manque à ton bonheur; il n'en est pas ainsi de l'homme; borné de sa nature, il sent en lui-même un désir secret de remédier ou de se dérober à son imperfection par la conversation avec son semblable; il n'est pas besoin non plus que tu te multiplies, étant déjà infini et absolu de tout point, quoique unique. Mais l'homme, trop défectueux pour l'unité, doit faire voir par le nombre sa propre insuffisance. Il faut donc qu'il produise son semblable de son semblable, et qu'il soit soutenu par un amour mutuel et par une compagnie qu'il puisse chérir. Quoique seul, tu es excellemment accompagné de toi-même, et tu n'as besoin de société ni de communication; cependant si tu le voulais tu pourrais porter tes créatures à telle hauteur qu'il te plairait, et tu pourrais les rapprocher de plus en plus de ta divinité. Pour moi, je ne saurais par la conversation élever ceux-ci de rampants qu'ils sont vers la terre, ni trouver de plaisir dans leur commerce. J'usai de la liberté qui m'avait été accordée, je parlai de la sorte, et je fus écouté. J'obtins cette réponse :

Adam, j'ai voulu voir jusqu'où allait ta pénétration, et je trouve que tes lumières ne se bornent point à connaître la nature des animaux. Les noms que tu leur as donnés expriment leurs divers caractères : tu te

connais encore toi-même. L'esprit qui t'a-
nime se fait voir en tes discours. Mon image,
empreinte sur ton front, n'a point passé jusqu'aux animaux. Tu as raison de mépriser
leur société : elle est peu convenable pour
toi, pense toujours de même. Avant que tu
parlasses, je savais qu'il n'était pas bon pour
l'homme d'être seul, aussi ne te destinais-je
pas pour compagnie celle que tu as vue. Je
ne te l'ai montrée que pour t'éprouver et
pour voir comment tu jugeais de la conve-
nance des choses. Celle que bientôt je te
présenterai te plaira, tu peux t'en assurer:
tu trouveras en elle ta ressemblance, un aide
convenable, une autre toi-même exactement
conforme aux désirs de ton cœur.

Il cessa de parler ou bien je n'entendis
plus. Ma faiblesse ne put soutenir plus longtemps ce sublime entretien. Accablée de sa
divinité et éblouie de sa gloire, elle tomba
dans une espece d'étourdissement : j'appelai
le sommeil à mon aide, je me jetai dans ses
bras pour réparer mes esprits épuisés : il
vint à moi et ferma mes yeux. Il ferma mes
yeux, mais il me laissa le libre usage de l'i-
magination, qui est ma vue intérieure. Par
elle transporté comme en extase, tout endormi que j'étais, je vis auprès de moi l'Etre
glorieux en présence duquel je m'étais trouvé
pendant que je veillais : il se baissait contre
moi, m'ouvrait le côté gauche et en prenait
une côte fumante de sang spiritueux, principe de la vie. La blessure fut large, mais
soudain remplie de chair, elle fut guérie. Il
pressa la côte et la façonna de ses mains.
Entre ses mains artistes crût une créature
pareille à l'homme, mais d'un sexe différent,
si belle, si aimable, que tout ce qu'il y avait
de beau dans le monde s'éclipsait devant elle
ou se trouvait réuni en sa personne. Je trou-

vai tout en elle : ses regards inspirèrent à
mon cœur une tendresse inconnue. Sa présence répandait partout l'esprit d'amour et
de joie. Elle disparut et la tristesse me saisit.
Je me réveillai en sursaut, résolu de la trouver ou de déplorer à jamais sa perte et de
renoncer à tous autres plaisirs. Je commen-
çais presque à me désespérer, quand je l'a-
perçus à quelques pas, telle que je l'avais
vue dans mon songe, ornée de tout ce que la
terre ou le Ciel pouvaient verser sur elle
pour la rendre aimable. Elle vint à moi conduite par son divin créateur, tout invisible
qu'il était, et instruite des devoirs de son
état. La grâce était dans ses pas, le Ciel
dans ses regards et, dans chaque geste, la
dignité et l'amour. Transporté de joie, je ne
pus m'empêcher de crier à haute voix :

Voilà mon souhait ; tu as accompli tes paroles, créateur bon et bienfaisant. Tu m'as
donné une infinité de biens ; mais voici le
plus beau des dons que tu m'as faits. Je vois
maintenant l'os de mes os, la chair de ma
chair, moi-même devant moi, elle tirera son
nom de l'homme, parce qu'elle a été prise
de l'homme ; il abandonnera donc son père
et sa mère et s'attachera à sa femme, et ils
ne feront qu'une chair, qu'un cœur et qu'une
âme.

Elle m'entendit ; une puissance surnaturelle
l'entraînait vers moi : cependant l'innocence
et la modestie virginale, sa vertu, et je ne
sais quel sentiment intérieur lui firent connaître qu'elle devait se laisser rechercher, et
que ce n'était point à elle à faire les premières démarches, ou pour dire tout, la loi de
la nature gravée dans son cœur innocent
l'obligea à baisser la vue et à se détourner.
Je la suivis, elle fut touchée de l'honneur
que je lui rendais, et avec une majesté com-

plaisante elle m'accepta pour époux. Je la
conduisis au berceau nuptial. L'incarnat de
son teint effaçait les plus vives couleurs de
l'aurore. Le ciel et ses constellations versè-
rent sur cette heure leurs plus douces influences. La terre et les montagnes tressail-
lirent, les oiseaux marquèrent leur joie; les
zéphirs charmants firent entendre aux bois
leurs tendres soupirs, et de leurs ailes se-
couèrent en badinant les roses et les parfums des arbrisseaux. Enfin l'oiseau dont
les tons réjouissent la nuit chanta l'hyménée
et pressa l'étoile du soir d'arriver sur le sommet du mont pour allumer la lampe nuptiale. Je t'ai découvert ma situation et l'excès
de félicité dont je jouis sur la terre. Je con-
viens que je trouvai du plaisir dans tout ce
que la nature présente à mes yeux; mais ce
plaisir est tel, que soit que je prenne, ou
non, il ne produit, dans mon esprit aucun
changement, aucun désir véhément; je veux
dire ces délicatesses qui flattent le goût, la
vue, l'odorat : telles sont les plantes, les
fruits, les fleurs, les promenades et le doux
chant des oiseaux : mais j'ai peine à modé-
rer les mouvements qui m'entraînent vers
ma compagne. Le calme et la supériorité que
je conserve dans la jouissance de tout le
reste m'abandonne en la voyant. Je conçois,
il est vrai, que suivant le but de la nature,
elle m'est inférieure quant à l'esprit, et aux
facultés internes qui sont les plus excellentes ; elle ressemble moins aussi dans
l'extérieur à l'image de celui qui nous a faits
tous deux, et elle exprime moins ce caractère
d'empire qui nous a été donné sur les autres
créatures. Cependant quand je l'envisage,
elle semble si parfaite et si remplie de la
connaissance de ses droits, que ce qu'elle
veut faire ou dire, paraît le plus sage, le

plus vertueux, le plus discret, le meilleur. La science se déconcerte en sa présence, la sagesse discourant avec elle se démonte, et ressemble à la folie. L'autorité et la raison l'accompagnent comme si elle eût été conçue dans les idées de Dieu indépendamment de moi pour être la première : enfin les grâces ont élu leur demeure dans sa personne aimable, et elles ont placé autour d'elle comme une garde angélique, le respect et la crainte.

N'accuse point la nature, lui répondit l'ange en resserrant le front, elle a fait son devoir, fais seulement le tien, et ne renonce point à la sagesse, elle ne t'abandonnera pas au besoin, si tu ne l'abandonnes, attribuant beaucoup trop aux choses les moins excellentes, comme tu viens toi-même de t'en apercevoir. Qu'admires-tu, et qu'y-a-t-il en elle qui doive te transporter de la sorte? Est-ce son extérieur? Elle est belle, sans doute, et mérite bien ta tendresse, ton estime et ton amour, mais non ta soumission. Compare-toi avec elle et prononce. Souvent rien ne profite plus que l'estime de soi-même, quand elle est bien ménagée et qu'elle se trouve fondée en raison. Plus tu auras l'esprit de sentir ta supériorité, plus elle te reconnaîtra pour son chef : alors elle fera céder aux réalités cette belle apparence dont elle n'est ornée que pour augmenter tes plaisirs, et qui n'est si respectable que pour que tu puisses avec honneur aimer ta compagne. Au reste, sache qu'elle s'aperçoit de tes faiblesses et qu'elle pourra s'en prévaloir : mais si les choses de ce monde ont pour toi tant d'attraits, songe que ces mêmes biens ont été accordés aux divers animaux, et qu'ils ne leur auraient point été partagés, s'ils contenaient en soi quelque chose qui fût digne de soumettre le cœur de l'homme, ou de lui inspirer de la passion. Ce que tu trouves de plus relevé dans sa société attrayante, douce et raisonnable, estime-le toujours. Tu fais bien de l'aimer, non d'en être passionné; car ce n'est point dans la passion que consiste le véritable amour. L'amour raffine les pensées et agrandit le cœur; il a son siège dans la raison, il est judicieux, il sera l'échelle par où tu pourras t'élever à l'amour céleste, pourvu que tu ne te laisses point absorber dans la volupté. Aussi n'as-tu point trouvé parmi les animaux, de compagnie digne de toi.

Adam à demi déconcerté, lui répondit : Je ne suis point transporté de la beauté, ni du plaisir qui nous est commun avec les animaux. Je pense du lit nuptial avec une vénération mystérieuse, et j'en conçois de plus hautes idées. Ce qui me charme le plus dans ma chaste compagne, c'est la grâce répandue sur ses lèvres et qu'elle fait passer dans toutes ses actions; c'est une décence infinie dans ses manières; l'amour donne du prix à tout ce qu'elle fait, et une complaisance mutuelle est la marque sincère de l'union de nos esprits, et la preuve qu'un seul et même esprit nous anime. Harmonie admirable entre deux époux, harmonie, dis-je, bien plus agréable que celle des sons mélodieux: l'une soumet le cœur, l'autre ne flatte que l'oreille. Je te découvre ce qui se passe au fond de mon cœur. Je ne perds pourtant point ma liberté; une multitude infinie d'objets font sur mes sens une diversion agréable; mon esprit toujours à lui, toujours le maître approuve le meilleur, et suit ce qu'il approuve. Tu ne me blâmes point d'aimer; l'amour, dis-tu, conduit aux cieux. Il est tout à la fois et le guide et le chemin. Pardonne-moi donc si la demande que je vais te faire n'est pas

raisonnable. Les esprits célestes aiment-ils ?
S'ils aiment, comment expriment-ils leur
amour? Est-ce par un doux commerce de
tendres regards, ou bien confondent-ils leurs
rayons par un attouchement ineffable?

L'ange lui répondit avec un souris enflam-
mé d'un rouge de roses célestes, vrai coloris
de l'amour : Qu'il te suffise de savoir que
nous sommes heureux, et qu'il n'est point
de bonheur sans amour. Nous possédons au
souverain degré toute la pureté de la jouissance que tu connais, nonobstant ton corps
(car tu as été créé pur) et nous ne rencon-
trons point d'obstacles. Si les esprits s'em-
brassent, ils se joignent entièrement. Ils
trouvent plus de facilité à se mêler ensemble que l'air avec l'air, et ils s'unissent par
des désirs purs, sans être obligés de s'approcher matériellement comme la chair avec
la chair, qui sépare l'âme d'avec l'âme. Mais
il faut que je te quitte. Le soleil passé au-
dessus du Cap-Vert et des îles Hespérides
me donne en se couchant le signal du départ. Persiste dans le bien, vis heureux, et
aime; mais plus que toutes choses, aime celui dont on remplit les commandements par
l'amour. Prends garde que la passion n'engage ton jugement à faire quelque chose
d'indigne de toi ; ton sort et celui de tes enfants est en ta main. Sois sur tes gardes ; ta
persévérance fera ma joie et celle de tous
les bienheureux. Tiens-toi ferme : il est au
pouvoir de ton libre arbitre de te soutenir
ou de te laisser tomber. Dieu t'a accordé les
moyens nécessaires pour persévérer.

En achevant ces mots, il se leva. Adam
lui donna cette bénédiction : Puisqu'il te faut
partir, va, hôte céleste, messager divin, envoyé par celui dont j'adore la bonté souveraine. Ta condescendance pour moi a été

excessive, et elle sera honorée à jamais de ma reconnaissance. Sois toujours protecteur et ami du genre humain, et reviens souvent vers nous.

Ils se séparèrent de la sorte ; l'ange se retira au ciel, et Adam à son berceau.

FIN DU HUITIÈME LIVRE.

LIVRE NEUVIÈME

—

ARGUMENT

Satan ayant parcouru le terre et s'étant armé de malice,
revient de nuit comme un brouillard épais dans le Paradis. Il
s'insinue dans le serpent tandis qu'il dormait. Adam et Ève
sortent au lever de l'aurore pour leurs occupations ordinaires.
Ève propose de s'écarter l'un de l'autre, et de travailler séparément. Adam s'y oppose, alléguant le danger prochain et la
crainte qu'il a que l'ennemi dont ils ont été avertis ne vienne
la tenter quand elle sera seule. Ève, touchée de ce qu'il ne la
croit pas assez circonspecte ni assez ferme, persiste dans la
première idée, afin de faire preuve de sa vertu. Le serpent
la trouve seule et l'aborde avec souplesse. D'abord il la regarde, ensuite il lui parle en termes flatteurs et l'élève au-
dessus de toutes créatures. Ève, surprise de l'entendre parler,
lui demande comment il a acquis la voix et la raison humaines
qu'il n'avait point dans son origine. Le serpent répond que
le fruit d'un certain arbre du Jardin lui a procuré ces avantages. Ève le prie de la conduire à cet arbre. Elle trouve que
c'est celui de la science qui leur était interdit. Le serpent
l'engage à manger du fruit; elle le trouve exquis, et elle dé-
libère quelque temps si elle en fera part à Adam ou non.
Enfin elle lui porte une branche garnie de ses fruits. Adam
est d'abord consterné; mais, par un excès d'amour, il prend
la résolution de périr avec elle, s'aveuglant lui-même, il
mange du fruit. Quels en furent les effets. Ils cherchent
d'abord à couvrir leur nudité, ensuite la discorde se met
entre eux et ils en viennent aux reproches.

Ce temps n'est plus, cet heureux temps
où Dieu et les anges, hôtes indulgents de
l'homme, venaient familièrement converser
avec lui, et partager à sa table un frugal
repas, sans lui faire sentir le poids de
leur supériorité : il me faut aujourd'hui
changer ces récits en histoires tragiques.
Mon objet sera désormais la défiance indigne, la perfidie, la révolte, et la désobéis-

sance de la part de l'homme ; l'aversion, la colère, le juste reproche, et la rigueur de la part du ciel irrité. Je vais chanter ce moment fatal qui fit entrer dans le monde une foule de malheurs, le péché et la mort, suite du péché, et la misère qui prépare les voies de la mort. Triste emploi ! mais la colère de l'inexorable Achille contre son ennemi indignement traîné autour des murailles de Troyes, ni la rage de Turnus perdant son épouse Lavinie, ni le courroux de Neptune et de Junon qui désola si longtemps les Troyens et le fils de Cithérée, n'offrirent jamais de si grandes images. Puisse la divinité qui me protège me fournir des expressions dignes d'un si grand sujet. Elle me dicte au milieu du sommeil, ou m'inspire dans mes veilles des vers qui coulent sans travail, depuis que mon choix, longtemps incertain, s'est fixé à des objets vraiment sublimes, et trop négligés. Chante qui voudra les combats consacrés à Calliope dans l'opinion des hommes ; qu'il produise pour chef-d'œuvre un long et ennuyeux carnage de chevaliers supposés dans des batailles imaginaires, tandis que la patience des martyrs, et leur force invincible restent dans l'oubli. Qu'il décrive, j'y consens, les courses, les jeux, l'appareil des tournois, les boucliers, les armoiries, les tentes et les coursiers : qu'il s'attache à peindre la broderie des housses, l'éclat des harnais, et la magnificence des champions rangés à la barrière ; qu'il varie la description de ces jeux militaires, par le détail d'un repas servi dans une salle enchantée, l'ordonnance de ces pompes où préside le faste, peut distinguer des hommes du commun ; pour moi, je renonce à ces frivoles peintures, elles sont au-dessous de l'héroïque. Je parcours à grands

pas des sentiers non encore battus par l'é-
popée ; jamais elle n'entonna des airs si graves ni si majestueux ; mais dans le déclin du
monde vieillissant, mes forces engourdies
par le froid du climat et des ans, seraient
bientôt épuisées, si l'intelligence qui m'inspire cessait de me soutenir.

Le soleil était tombé ; Hespérus, l'avant-
coureur du crépuscule qui concilie pour
quelques moments la lumière et les ténèbres
commençait à disparaître : déjà d'un bout
de l'hémisphère à l'autre, la nuit avait investi
l'horizon, quand Satan, que les menaces de
Gabriel avaient contraint de s'enfuir, retourna vers les contrées du paradis. Armé
de fraude et de malice, il s'avançait sans
crainte pour s'employer à la destruction de
l'homme, et la considération de tout ce qu'il
pouvait attirer sur lui-même de plus rigou-
reux, n'était point capable de l'arrêter. Les
ténèbres tombaient lorsqu'il partit : il fit le
tour de la terre, et revint à l'heure que la
nuit déploie son voile le plus épais. Il eut
soin d'éviter le jour ; trop instruit qu'Uriel,
conducteur de l'orbe du soleil, l'avait découvert la première fois, et qu'il avait averti de
son entrée les chérubins qui gardaient la
porte du paradis. Chassé du jardin de délices, il roula avec l'obscurité pendant sept
nuits continues. Trois fois il tourna autour
de la ligne équinoxiale. Quatre fois il croisa
le char de la nuit d'un pôle à l'autre, en
suivant chaque colure ; la huitième nuit
le ramena, et il se glissa furtivement par
une entrée, dont les chérubins placés de l'autre côté de la montagne, ne se méfiaient
point. Ce fut à la faveur du gouffre où le
fleuve du Tigre se précipitait. La rapidité de
sa chute faisait jaillir une fontaine près de
l'arbre de vie. Satan se plongea dans le

gouffre. L'onde qui se relevait, l'introduisit dans le jardin : le brouillard lui servit d'enveloppe. Il songea ensuite à s'avancer sans être connu. Il avait parcouru la mer et la terre depuis Eden jusque par delà le Pont-Euxin, les Palus Méotides et le fleuve d'Oby en montant. De là il était descendu jusqu'à l'Antarctique. Il s'était aussi transporté de l'orient au couchant depuis Oronte jusqu'à la la barrière de Darien qui partage l'océan, et poursuivant sa route, il avait passé dans les pays qu'arrosent l'Indus et le Gange. Pendant qu'il faisait le tour du globe terrestre, il avait tout observé ; et après avoir mûrement pesé quelle créature serait la plus propre à seconder ses desseins, il avait trouvé que le serpent était le plus fin de tous les animaux ; il le choisit comme le meilleur suppôt de fraude. L'esprit et la subtilité naturelle du serpent éloignaient le soupçon, au lieu que dans un autre animal on aurait pu reconnaître la puissance du démon produisant des actions au-dessus de la capacité des brutes. Il songea donc à trouver le serpent : mais son cœur forcené exhala auparavant sa tristesse en ces plaintes :

Que tu approches du ciel, ô terre, si tu n'es même une demeure préférable, une habitation plus digne des dieux. La main qui t'a construite aura sans doute enchéri sur ses premiers chefs-d'œuvres. Un Dieu voudrait-il faire un moindre ouvrage, après en avoir fait un meilleur ? Tu as toutes les perfections du ciel. Autour de toi tournent d'autres cieux brillants. Leurs lampes officieuses élançant lumières sur lumières, se meuvent uniquement pour ton service. Leurs rayons précieux, leurs influences se concentrent en toi. Dieu, dont la circonférence illimitée embrasse l'univers, est en même temps le centre de tout ce qui existe ; de même tu reçois tribut sur tribut de ces orbes, dont la vertu se rapporte entièrement à ton globe. Ils ne pourraient rien sans ton secours : tu es l'heureux terme de leur fécondité merveilleuse : tu leur prêtes ton sein pour toutes leurs productions. La charmante verdure, les plantes, les créatures plus nobles, qui possèdent suivant divers degrés de vie la végétation et le sentiment, seraient des ouvrages inconnus sans ta coopération. De combien l'homme ton souverain est-il encore plus admirable ? avec quel plaisir aurais-je parcouru ton vaste contour, si le plaisir pouvait encore trouver quelque entrée dans mon cœur : si je pouvais goûter l'agréable variété de tes décorations, montagnes, vallées, rivières, bois, plaines, îles, mers, continents ? Ici des côtes couronnées de forêts, là des rochers, des grottes et des antres : hélas ! je n'ai trouvé nul asile, nul refuge, et plus je vois d'objets admirables, plus je souffre intérieurement : telle est la fatalité de ma destinée. Les biens mêmes dont le ciel abonde me seraient encore plus insupportables, si l'on me forçait à en être le témoin ; j'y renonce, à moins que je n'en surmonte le grand monarque. Il m'est inutile de prétendre adoucir mes malheurs : rendons les autres misérables, dussent encore leurs peines retomber sur moi : ce n'est qu'en détruisant que je puis soulager mon cœur implacable, et si je viens à bout de détruire celui pour qui tout a été créé, ou si je l'engage à faire ce qui peut causer sa perte, la ruine de tout s'ensuivra. L'homme est le chef du monde, à son sort dans le bien ou dans le mal, est enchaîné le sort de tous les êtres ; précipitons-le dans le mal, afin que la destruction soit universelle. J'aurai seul parmi les infernales

puissances la gloire d'avoir renversé en un
moment ce que le Tout-Puissant a été six
jours et six nuits à former. Eh! qui sait si
ce grand ouvrage n'a point été l'objet de ses
méditations éternelles? Peut-être aussi n'y
a-t-il pensé que depuis la nuit où j'affranchis
d'une servitude ignominieuse la moitié des
esprits célestes. Peut-être ne saurait-il plus
produire d'anges, si pourtant il a produit les
anges. Ceux qui m'ont suivi ne sont plus à
lui; il en veut réparer la perte, ou bien il veut
combler notre désespoir, en nous faisant rem-
placer par des créatures qu'il élève d'une si
basse origine, pour les revêtir de nos dépouilles célestes. J'ignore ses desseins, mais
ils sont effectués. Il a créé l'homme, c'est
pour lui qu'il a construit ce monde magnifique, et la terre, lieu de sa résidence : il l'a
déclaré souverain; et de plus, ô indignité!
les anges sont chargés de veiller à sa conservation. Ils m'ont déjà repoussé, je veux
les surprendre; le brouillard me dérobe à
leur connaissance : les replis du serpent me
cacheront encore mieux. O comble de misère! j'ai disputé l'empire au Fils de l'Eternel, aujourd'hui je suis trop heureux d'en-
fermer dans un vil animal cette essence qui
aspirait à la divinité. Mais à quoi ne se con-
traignent pas l'ambition et la vengeance?
Pour se satisfaire, doit-on craindre de s'a-
baisser? Vains scrupules, éloignez-vous. Je
me soumets à tout, pourvu que mes coups
accablent celui qui excite mon envie. Je ne
puis atteindre le céleste monarque, frappons
son nouveau favori, cet enfant du dépit que
le créateur a tiré de la poussière pour nous
insulter : il faut repousser l'injure par l'injure.

À ces mots, ainsi qu'un noir brouillard, il
se coule terre à terre dans les ténèbres, et

traverse les buissons, les plaines et les ruisseaux, en cherchant le serpent, il le trouva
profondément endormi. Sa tête, féconde en
finesse et en subtilité, reposait au milieu de
plusieurs cercles que formaient les replis de
son corps. Il ne se tenait point caché dans
une ombre horrible ou dans un antre affreux ;
il n'était point encore nuisible, il dormait
sur l'herbe sans craindre et sans se faire
craindre. Satan s'insinua avec l'air qu'il res-
pirait, et prenant possession du cœur et de
la tête, il répandit sur ses sens l'esprit d'intelligence ; mais il ne voulut point interrom-
pre son sommeil, et il attendit patiemment
la venue du jour.

Dès que la lumière sacrée commença à do-
rer dans Eden les humides fleurs qui exha-
laient leurs encens matinal, au temps que
tout ce qui respire envoie en haut du grand
autel de la terre, ses louanges tacites au
créateur, et porte jusqu'à son trône une
odeur agréable, nos premiers pères sortirent
et joignirent leur adoration vocale à l'hom-
mage tacite des créatures muettes. Ils profi-
tèrent des moments où la fraîcheur et le
baume de l'air se font le mieux sentir ; ensuite ils délibérèrent sur les moyens d'avancer leur ouvrage qui s'augmentait de jour en
jour, et auquel la main de deux personnes
seules dans un si grand jardin ne pouvait
suffire. Eve adressa ces mots à son mari :

Adam, ne nous rebutons point de cultiver
ce jardin et de prendre soin des plantes et
des fleurs que Dieu nous a confiées : cet emploi n'a rien que d'agréable ; mais que pouvons-nous, seuls comme nous sommes? L'on
dirait que nos travaux ne font que nous en
préparer de plus grands. Les branches su-
perflues que nous coupons, que nous étayons
ou que nous lions dans le cours de la jour-

née, repoussent en une nuit ou deux et rendent nos soins inutiles : dis-moi donc ce qu'il nous faut faire, ou écoute ce que je viens d'imaginer. Partageons-nous; suis ton inclination ou va au plus pressé : amuse-toi à tourner le chèvrefeuille autour de cet arbre, ou dirige le lierre qui ne demande qu'à monter; pour moi, dans ce buisson de roses entremêlées de myrthe, je trouverai suffisamment de quoi m'occuper jusqu'à l'heure du repas. Pendant que nous travaillons à côté l'un de l'autre, faut-il s'étonner que notre ouvrage n'avance pas? Les regards et les sourires viennent à la traverse, ou de nouveaux objets nous engagent dans des discours imprévus; ainsi nous sommes détournés à tout moment, et quoique nous nous levions du matin, nous n'avons presque rien fait quand la journée finit.

Adam lui répondit : Eve, ma seule associée; car ta compagnie me fait oublier toutes les créatures qui vivent sur la terre, ton projet est juste, et tu ne saurais mieux faire que de songer aux moyens d'avancer l'ouvrage que le Seigneur a confié à nos soins : aussi je ne manquerai point à te donner les louanges que tu mérites; rien de plus aimable dans une femme que de savoir s'occuper utilement et de le disputer ainsi à un époux laborieux; mais le Seigneur ne nous a pas si étroitement imposé le travail qu'il nous ait interdit toute récréation; il nous a permis de prendre quelquefois un relâche nécessaire et d'entremêler à nos occupations la nourriture du corps ou la conversation qui est la nourriture de l'esprit, ou ce doux commerce de regards et de sourires. Les sourires refusés aux stupides animaux, sont un écoulement de la raison, et servent à ranimer l'amour, qui n'est pas l'objet le moins

noble de l'homme. Il ne nous a pas créés
pour un travail pénible, mais agréable. Nos
mains s'employant de concert, entretiendront assez pour nos besoins ces berceaux
et ces routes, où nous faisons notre demeure
et nos promenades. Bientôt de plus jeunes
mains viendront nous seconder. Mais si trop
de conversation te fatigue, je consentirai à
une courte absence. La solitude est quelquefois préférable à la société, et un peu de retraite fait mieux sentir la douceur de la
compagnie ; je t'avouerai pourtant qu'une
chose me fait peine : je crains qu'il ne t'arrive
quelque mal si tu te sépares de moi, tu sais
l'avertissement qui nous a été donné. Nous
avons un ennemi dangereux, jaloux de notre
bonheur et désespérant du sien, il médite
notre perte : sans doute qu'il veille et nous
observe de près. Il ne songe qu'à prendre
ses avantages. C'est le seconder que de nous
séparer. Il ne saurait nous surprendre tant
que nous serons ensemble : chacun au besoin pourrait donner à l'autre un prompt secours. Je m'imagine que son but est de nous
rendre infidèles à Dieu, ou de troubler l'amour conjugal, qui peut-être plus que toute
autre bénédiction dont nous jouissons, excite son envie ; mais soit qu'il ait ce dessein,
soit qu'il se propose encore quelque chose de
plus fatal, ne quitte point un époux à qui tu
dois la vie et qui ne manquera jamais de prendre ta défense. Quand il y a quelque danger,
quelque déshonneur à craindre, une femme
est avec plus de sûreté et de bienséance auprès de son mari qui la garde ou qui souffre
avec elle tout ce qui peut arriver de plus
triste.

Eve, avec une majesté virginale, composant son visage d'une manière douce, mais
austère, comme une personne qui aime et

qui pourtant est fâchée de se voir contrariée, repondit :

Adam, je le sais que nous avons un ennemi, je sais qu'il cherche notre ruine : vous m'en avez instruite et je l'ai entendu de la bouche de l'ange même au moment qu'il vous quittait. J'étais alors derrière une touffe d'arbrisseaux et je m'en revenais à l'heure que les fleurs du soir ferment leurs calices odoriférants ; mais que vous deviez douter de ma fidélité pour Dieu ou pour vous, sous le prétexte que nous avons un ennemi à redouter, c'est à quoi je ne me serais point attendue. Nous n'avons déjà rien à craindre de sa violence, immortels et impassibles comme nous le sommes : ses artifices sont donc le sujet de votre frayeur. De telles alarmes me font trop apercevoir que vous ne comptez pas assez sur ma foi et sur mon amour. C'est en accuser la faiblesse que d'en craindre l'inconstance. Comment une pensée injurieuse à celle qui vous aime tant, a-t-elle trouvé place dans votre cœur ?

Adam adoucit en ces termes ses avis salutaires : Fille de Dieu et de l'homme, Eve que l'innocence et la pureté rendent immortelle, si je veux te retenir, ce n'est point que ta vertu me soit suspecte, je songe seulement à éviter toute insulte de la part de notre ennemi. Celui qui tente, quoique sans succès, déshonore toujours celui qu'il attaque, en supposant qu'il peut se laisser corrompre. Tu ressentirais toi-même avec dépit et avec indignation une telle injure, dans le temps même où tu triompherais de ses lâches artifices. Ne prends point en mauvaise part l'envie que j'ai de te préserver d'un tel affront. Je connais l'audace de notre ennemi ; mais il n'osera jamais la pousser jusqu'à nous attaquer ensemble, ou s'il l'ose, il tournera contre moi ses premiers traits : sa malice et sa fraude demandent toute notre attention. Il doit être fort subtil, puisqu'il a pu séduire des anges : ne rejette point mon secours. Je reçois de l'influence de tes regards un renfort de vertu. Ta présence me rendrait plus sage, plus vigilant, plus fort, s'il était besoin d'une force extérieure. Tandis que tes yeux seraient tournés sur moi, la honte que j'aurais à me laisser vaincre ou surprendre, animerait mon courage et m'inspirerait une vigueur nouvelle. Pourquoi ma vue ne ferait-elle pas même impression sur toi, et pourquoi refuses-tu d'essuyer en commun le péril ? Peux-tu souhaiter un témoin plus attentif et plus sensible à ta victoire ?

Adam, s'intéressant pour sa compagne, exprima de la sorte les mouvements que lui inspirait l'amour conjugal; Eve crut qu'il faisait tort à la sincérité de sa foi et répliqua :

Si nous avons toujours à craindre un ennemi subtil ou violent, et qu'il puisse nous vaincre séparément, nous ne saurions goûter de tranquillité. En nous tentant, dis-tu, notre ennemi nous offense; mais la mauvaise opinion qu'il peut concevoir de nous n'imprime point de déshonneur sur notre front; toute l'infamie en rejaillit sur lui : pourquoi donc le fuir ou le craindre? Hâtons-nous bien plutôt de le confondre; par-là nous obtiendrons la paix intérieure du cœur, la faveur du ciel, un triomphe glorieux après notre victoire. Qu'est-ce que la foi, l'amour et la vertu, qui n'ont point été tentés ou qui n'ont point combattu sans un surveillant? Ne soupçonnons point notre sage créateur d'avoir laissé notre félicité assez imparfaite, pour que nous ne soyons pas en sûreté séparés comme réunis. Notre bonheur serait faible, et notre paradis n'aurait plus rien de divin, s'il était ainsi exposé à la surprise.

Adam répondit avec chaleur ; Eve, gardons-nous de rien reprendre aux ouvrages de Dieu; il a sagement ordonné toutes choses. En formant l'univers, sa main n'a point laissé ses créatures imparfaites ni défectueuses. Sa bonté se serait-elle resserrée pour l'homme ? Non sans doute. Il ne lui a rien refusé de ce qui peut assurer le bonheur de son état. L'homme est en sûreté contre toute violence extérieure. Le danger est au dedans de lui; cependant son salut est entre ses mains; il n'est point sujet au mal, s'il ne s'y livre par un acte de sa volonté. Cette volonté est libre, le Seigneur l'a ainsi ordonné: elle obéit librement à la raison et il a pourvu la raison d'une droiture qui distingue le vrai d'avec le faux; mais en nous mettant par sa grâce en état de défense, il nous recommande d'être sur nos gardes. Il faut que notre raison veille toujours, de peur qu'elle ne s'égare, et que suivant la fausse lueur d'une apparence de bien, elle n'engage la volonté à faire ce que Dieu a expressément défendu. Cesse d'attribuer mes conseils à une défiance que je n'eus jamais : mon tendre amour me les a dictés. Avertis-moi de même : nous sommes bien affermis; cependant nous pouvons tomber et nous laisser surprendre : évite donc la tentation et ne t'écarte point de moi. L'épreuve viendra sans être cherchée. Veux-tu prouver ta constance ? Prouve d'abord ton obéissance. Qui saura si tu as triomphé, quand on ne t'aura point vue dans le combat ? Qui rendra temoignage de ta fidélité? Mais si tu crois qu'une attaque imprévue serait plus dangereuse pour nous, va, restant contre ton gré, tu n'en serais que plus absente; va, conserve le précieux dépôt de ton innocence ; ne démens point ta vertu. Dieu a fait ce qu'il devait à ton égard : c'est à toi de remplir à présent ton devoir envers lui.

Le patriarche du genre humain parla dans ces termes ; Eve persista. Cependant déférant en quelque sorte à la volonté de son mari, elle répliqua pour la dernière fois : C'est donc avec ta permission que je te quitte : j'y suis surtout déterminée par la raison que tu as touchée dans tes dernières paroles. Si nous étions surpris, peut-être aurions-nous plus de peine à résister. Armée de tes conseils, je me présente au combat. Je ne crains point qu'un ennemi si orgueilleux cherche d'abord le côté le plus faible : s'il tourne là son attaque, sa défaite n'en sera que plus honteuse.

En achevant ces mots, elle dégagea doucement sa main de celle d'Adam, et telle qu'une légère nymphe des bois, orcade, ou dryade, ou de la cour de Diane, elle s'avança vers les bocages. Son port majestueux surpassait celui même de Délie. Elle n'était point comme elle armée d'arc et de carquois, mais d'instruments propres au jardinage, soit que la simplicité de ces premiers temps de l'innocence les eût formés grossièrement sans le secours du feu, soit qu'ils leur eussent été apportés par les anges. Ornée de la sorte, elle ressemblait à Palès ou à Pomone, quand elle fuyait devant Vertumne, ou à Cérès, dans la fleur de sa virginité, avant qu'elle eût eu Proserpine de Jupiter. Adam la suivit longtemps d'un œil satisfait, mais qui laissait entrevoir le regret de son départ. Souvent il lui répétait de revenir bientôt, et elle lui répondait autant de fois qu'elle retournerait avant la moitié du jour préparer le repas du midi, et pour se reposer avec lui pendant la chaleur du jour.

O séparation fatale! Malheureuse Eve, tu te flattes en vain d'un agréable retour. Tu ne trouveras plus dans le paradis ni de doux repas ni de tranquille repos. Tu vas te précipiter dans le piége caché sur ton chemin parmi les fleurs et les ombrages. La colère infernale t'attend au passage pour te couper la retraite ou pour te renvoyer dépouillée d'innocence, de foi et de félicité.

Déjà depuis le point du jour le prince des démons, pur serpent en apparence, était en marche; il cherchait nos deux premiers pères, et se préparait à attaquer en eux tout le genre humain : il allait et venait dans les berceaux et dans la campagne, partout où les bosquets étaient les plus vifs; il conjecturait avec raison qu'ils ne pouvaient être loin de ces lieux charmants par la fraîcheur des ruisseaux et des ombrages. Il les cherchait tous deux, mais il souhaitait de trouver Eve séparée de son mari; il le souhaitait, sans pourtant espérer ce qui arrivait si rarement, quand, selon son désir et contre son espérance, il aperçut Eve seule au milieu d'un nuage de parfums. On ne l'y voyait qu'à demi : les roses épaisses s'empressaient de croître sous ses yeux : elle se courbait pour relever les faibles tiges des fleurs, dont la tête colorée des plus belles nuances, et enrichie de pourpre, d'azur et d'or, pendait languissamment sans pouvoir se soutenir : elle les étayait délicatement avec des baguettes de myrthe; mais elle ne songeait point qu'elle-même, la plus belle fleur de toutes, sans support, était si loin de son meilleur appui, et que la tempête était si proche. Le séducteur s'avança vers elle, et traversa plusieurs allées de cèdres, de pins ou de palmiers qui formaient un couvert admirable. Tantôt il se roulait avec hardiesse, tantôt il

se cachait; puis il se découvrait tout à coup
parmi les arbrisseaux entrelacés et parmi
les fleurs dont Eve avait bordé de sa main
les diverses routes. Tout riait dans ce terrain, mille fois plus délicieux que ces jardins
imaginaires, ou d'Adonis ressuscité, ou du
fameux Alcinoüs, hôte du fils du vieux
Laërte : cet autre jardin, mais plus réel, où
le sage monarque folâtrait avec la belle Egyp-
tienne, son épouse, n'en aurait point encore
approché. Il admira la campagne, et plus
encore la personne : tel après avoir été longtemps renfermé dans une grande ville, où
les égoûts et les immondices corrompent la
pureté du ciel, quelqu'un qui profite d'un
beau jour d'été pour aller dès le matin respirer un air plus pur dans une charmante
campagne, est réjoui de tout ce qu'il rencontre. L'or des moissons, l'herbe fleurie, le
bêlement des troupeaux, le doux chant des
oiseaux, chaque objet, chaque son cham-
pêtre, tout l'enchante. Si par hasard une
jeune beauté vient à passer avec la démarche d'une nymphe, ce qu'il admirait, lui de-
vient plus sensible à cause d'elle; mais elle
le ravit encore plus que tout le reste; il
trouve dans elle mille attraits nouveaux. Tel
fut le plaisir que prit le serpent, en contem-
plant dans ce bosquet fleuri la beauté, qui
dès le point du jour avait choisi cette retraite solitaire. Son air divin comme celui
des anges, mais accompagné d'une aimable
douceur, sa simplicité gracieuse, ses manières et ses moindres actions engageaient
insensiblement le séducteur, et calmaient sa
férocité. Une stupide extase endormant sa
malice, lui tint lieu de bonté, et désarma
quelque temps l'inimitié, la fraude, la haine,
l'envie et la vengeance; mais l'enfer qu'il
porte partout, et qui le suivait jusque dans

le ciel, termina bientôt ses délices ; et la vue de tant de plaisirs qui n'étaient point faits pour lui, ne servit qu'à le déchirer plus vivement. Il rappela la haine et la fureur, et s'encourageant de la sorte, il ranima les funestes projets qu'il avait conçus.

Où m'entraînez-vous, vaines pensées d'admiration ? Par quel charme séduisant me faites-vous oublier ce que je dois exécuter ici ? Ni l'amour, ni l'espérance de changer mon triste sort, ne m'amènent en ces lieux : je n'y viens point chercher le plaisir, mais ruiner tout plaisir, excepté celui qui se trouve à détruire ; toute autre joie est perdue pour moi : l'occasion me rit, ne la laissons point échapper. Voici la femme seule exposée à mes traits ; je n'aperçois point son mari, que je craignais le plus. Son intelligence plus relevée, son courage mâle, son port héroïque, sont soutenus d'une force invincible. Quoiqu'il soit formé de terre, ce n'est point un ennemi à mépriser : il est invulnérable ; mes plaies saignent encore, et l'enfer a entièrement changé ma nature ; sa compagne possède des grâces infinies, et pourrait donner de l'amour aux dieux, mais elle ne m'intimide point. Si la beauté peut inspirer le respect et la crainte, est-ce à moi qui ne connais que la haine ? Haine d'autant plus funeste, que pour la mieux cacher, j'emprunterai le langage même de l'amour.

A ces mots, l'ennemi des hommes intimement uni au serpent, fatale société! s'avance vers Eve. Il ne se traînait point alors en rampant contre terre ; il se portait en avant sur sa croupe, ainsi que sur une base circulaire de divers contours qui, recourbés les uns sur les autres, se confondaient comme un vrai labyrinthe : sa tête parée d'une crête superbe, ses yeux d'escarboucle, et son col doré, luisant et verdâtre, se relevaient avec éclat, tandis que l'extrémité de son corps, replié en spirale, flottait sur l'herbe.

Jamais le temps n'a produit rien de si beau dans l'espèce des serpents. On opposerait en vain la métamorphose d'Hermione et de Cadmus arrivée en Illyrie, ou celle de la divinité qui se rendit visible dans Epidaure, ou la forme que prit Jupiter Ammon ou le Dieu du Capitole : celui-là avec Olympie, celui-ci avec l'héroïne qui donna le jour à Scipion, le soutien de Rome.

Il vint en tournoyant, comme quelqu'un qui voudrait exposer ses raisons, mais qui craint d'être importun. Tel, près de l'embouchure d'une rivière, ou bien à la vue d'un cap où le vent tourne continuellement, un vaisseau conduit par un habile pilote, louvoye, et change à tout moment ses voiles; ainsi il variait son allure, et s'entortillant en cent façons, il formait devant Eve plusieurs lacs d'amour, afin d'attirer ses regards.

Occupée de son ouvrage, elle entendit l'agitation des feuilles, mais elle n'y fit d'abord aucune attention. Elle était accoutumée à voir badiner au milieu de la campagne les différentes espèces d'animaux, plus dociles à sa voix que le troupeau déguisé n'était à l'ordre de Circé.

Il sentit augmenter par là sa confiance, et se présenta devant elle sans être appelé, puis il resta comme saisi d'admiration : on le voyait plier et replier en signe de caresses sa tête glorieuse et son col délié, qui représentait une infinité de vives couleurs; il léchait d'une manière flatteuse les vestiges de ses pas. Enfin, ses expressions muettes et pleines de grâces attirèrent les yeux d'Eve sur son badinage : il fut charmé d'avoir obtenu son attention, et par le moyen de la langue du serpent, dont il se servit comme d'un organe, ou par l'impulsion de l'air, qu'il sut modifier, il employa ces trompeuses paroles pour la tenter.

Ne vous étonnez pas, souveraine de l'Univers, vous qui seule dans la nature devez causer de l'étonnement, ne vous étonnez pas de ma liberté : vos yeux plus sereins que le ciel le plus calme sont le siège de la douceur, les armeriez-vous contre moi de sévérité? Rassurez un sujet que la majesté de votre front, et votre solitude respectable, ont déjà confondu. Si j'ai fait un crime en m'approchant de vous pour vous contempler, c'est le crime de vos charmes; vous êtes la plus noble image du Créateur; vous méritez, comme lui, le tribut de nos hommages. L'Eternel vous a soumis toute la terre; tout ce qui l'habite trouve son bonheur à se ranger sous votre sceptre, tout adore votre céleste beauté, qui ne saurait avoir trop d'admirateurs : je vous vois à regret au milieu d'une troupe grossière d'animaux, incapables de discerner et le nombre et l'étendue de vos divines perfections : un seul homme en connaît le mérite; mais tant d'attraits ne doivent-ils avoir qu'un seul adorateur! Déesse incomparable, vous êtes digne de commander aux anges : quand verrai-je les dieux marchant à votre suite se disputer l'honneur de vous servir ?

Tel fut le prélude artificieux du tentateur. Ses paroles s'insinuèrent dans le cœur d'Eve : l'étonnement où elle était de l'entendre parler, lui fit d'abord garder le silence, mais bientôt elle marqua ainsi sa surprise.

Qu'entends-je? le langage de l'homme employé par une brute; sa voix exprime des pensées raisonnables. Je croyais du moins

que Dieu avait refusé la parole aux animaux;
quant à la raison, je suspendais mon jugement, car souvent il paraît beaucoup d'esprit dans leurs regards et dans leurs actions. Je savais bien que le serpent était le
plus subtil des animaux; mais j'ignorais qu'il
eût la faculté de peindre, comme nous, ses
idées. Redouble donc ce miracle; dis-moi,
comment as-tu acquis la parole, et qui t'a
rendu si passionné pour moi? Qu'est-ce qui
t'attache plus à moi que les autres créatures
qui se présentent tous les jours à ma vue?
Explique-moi ce mystère, une telle merveille
mérite bien qu'on y fasse attention.

Reine de ce beau monde, reprit le fourbe
tentateur, je puis facilement vous répondre,
et il est juste que vous soyez obéie. Semblable aux animaux qui paissent l'herbe
rampante sur la terre, je n'avais au com-
mencement que des pensées grossières, terrestres et conformes à ma nourriture. La
nature, pour toute science, m'avait donné
l'instinct de connaître ce qui servait à me
sustenter ou à perpétuer mon espèce; je ne
concevais rien au-dessus. Un jour, errant à
l'aventure, ma vue tomba sur un arbre
chargé d'un fruit doré, vermeil et du plus
beau coloris que l'on vit jamais. Je m'appro-
chai pour le regarder. Une odeur suave, se
répandant des branches, excita mon appétit.
Mes sens ne furent jamais si flattés par le
doux parfum du fenouil, ou par le lait que
distille, à la fin du jour, sur la terre une
brebis ou une chèvre, que leurs petits folâ-
trant trop longtemps ont oublié de tirer. Je
résolus, sans différer, de satisfaire le désir
ardent que j'avais d'en goûter. La faim et la
soif, puissants motifs de persuasion, réveil-
lées par l'odeur de ce fruit attrayant, me
donnèrent de l'industrie. Je m'entortillai au-

tour du tronc : pour atteindre aux branches, il faudrait avoir ou votre stature ou celle d'Adam. D'autres animaux que moi, enflammés du même désir, mais n'ayant pas la même adresse, me regardaient avec une espèce d'envie. Dès que je me vis à portée de ce fruit tentant, qui pendait en abondance, je cueillis, je mangeai ; je trouvai un goût si savoureux, une fraîcheur si exquise, que jamais le suc des plantes, jamais l'eau des plus claires fontaines ne m'avaient paru si délectables. J'aperçus aussitôt en moi-même un changement étrange : un nuage épais, qui m'enveloppait la tête, se dissipa comme une vapeur ; je fus frappé d'un rayon de lumière jusqu'alors inconnu, je sentis la raison se développer dans mes facultés intérieures; des idées nettes et solides s'arrangèrent d'elles-mêmes ; la parole vint naître sur ma langue ; de tout ce que j'étais autrefois, il ne m'est resté que la seule figure. Depuis ce temps, je me suis livré tout entier à des spéculations sublimes et profondes ; je me suis élevé sur les ailes de mes pensées jusqu'au sanctuaire de la vérité. J'ai vu, j'ai comparé, dans le ciel et dans l'air, sur la terre et sur l'onde, les objets les plus dignes d'attention ; mais rien ne m'a tant frappé que vous. L'éclat de vos beaux yeux efface les clartés célestes : vous êtes la beauté même, et vous en serez toujours le plus parfait modèle; voilà ce qui m'a attiré; voilà ce que je contemple, transporté, hors de moi-même; et si mes regards importuns vous fatiguent, recevez au moins mes adorations, elles vous sont dues à juste titre; l'univers vous reconnaît pour sa divinité.

Par ce discours, le serpent subtil augmenta encore l'étonnement d'Eve, qui répondit imprudemment :

Serpent, les louanges excessives dont tu
m'accables me font douter que ce fruit ait
véritablement la vertu de donner la sagesse;
tu es le premier de qui je les aie reçues.Mais
cet arbre est-il loin d'ici? Où se trouve-t-il,
dis-moi? Il en croît dans ce séjour une multitude si variée, que nous n'avons pas eu le
temps de les connaître ni de savoir ce qu'ils
produisent; leurs fruits se gardent incorrup-
tibles pour les hommes qui doivent naître
et nous aider à les consommer.

Reine adorable, reprit l'imposteur avec un
malin contentement, le chemin est beau et
court : il n'y a qu'une allée de myrtes à
traverser; l'arbre est sur un terrain plat,
proche d'une fontaine, au milieu d'un bosquet de myrtes et de baume fleuris : si
vous voulez me suivre, je vous y conduirai
bientôt.

Mène-moi donc, dit Eve. Aussitôt il prend
les devants; son ardeur pour le crime préci-
pite sa marche; à peine peut-il se contenir;
sa crête en paraît plus animée ; la joie lui
donne un nouvel éclat. Tel un météore formé
d'exhalaisons terrestres que le froid de la
nuit condense et que l'air promène de place
en place, s'enflamme par l'agitation : son
globe, s'il est permis de le croire, dirigé par
quelque mauvais esprit, répand en tournoyant une lueur trompeuse, détourne du
chemin le voyageur pendant la nuit et le
mène dans des terres grasses et maréca-
geuses, quelquefois dans des étangs et dans
des lacs, où il se trouve subitement englouti,
loin de tout secours. Ainsi brillait le serpent séducteur en conduisant Eve, notre
crédule mère, à l'arbre défendu, d'où pendait
le germe fatal de nos maux. Elle l'aperçut
bientôt et dit à son guide :

Serpent, nous aurions pu épargner nos

pas; ce fruit n'est point propre pour nous,
conserve-le pour toi : il est véritablement
merveilleux s'il produit des effets si surprenants, mais nous n'en pouvons faire aucun
usage. Cet ordre est la seule défense qui soit
émanée de la bouche de Dieu; tout le reste
est en notre pouvoir; nous n'avons d'autres
lois à suivre que celle de notre raison.

Quoi, reprit le tentateur, Dieu vous a défendu de manger du fruit des arbres de ce
jardin! Il vous a cependant déclarés les maîtres de tout sur la terre ou dans l'air.

Eve, encore exempte du péché, lui répondit : Nous pouvons manger de tous les fruits
du paradis; mais le Seigneur nous a défendu
de toucher au fruit de ce bel arbre qui est
au milieu du Paradis, de peur que nous ne
mourions.

A peine eut-elle fini ce discours, que le
tentateur plus hardi, sous une apparence de
zèle et d'amour pour l'homme, et comme indigné du tort qu'il souffrait, dressa une nouvelle batterie. Il parut touché de compassion,
agité, toublé; puis il se leva avec grâce,
comme quelqu'un qui doit traiter une affaire
d'importance. Ainsi l'on voyait autrefois,
dans Athènes et dans Rome, où l'éloquence
fleurissait au temps de la liberté, avant que
la servitude l'eût abatardie, un orateur
chargé d'un grand intérêt se recueillir en
lui-même. Son air, son maintien, chaque
mouvement, chaque geste préparaient l'attention du peuple avant qu'il parlât. Quelquefois, commençant avec emphase, il en-
trait tout d'un coup en matière, comme si
son ardeur pour la justice l'eût forcé de sup-
primer un préambule inutile. Ainsi le tentateur s'arrêtant, se remuant ou se dressant
de toute sa hauteur, disposait Eve à l'écouter, et commença d'un ton passionné :

O plante sacrée, source de sagesse, vraie
mère de la science, je sens à cette heure la
puissance qui opère en moi. Par toi, je pé-
nètre, non seulement les choses jusque dans
leurs principes, je démêle encore les voies
des anges les plus hauts, malgré leur impé-
nétrable profondeur. Reine de cet univers,
n'ajoutez point de foi à ces rigoureuses menaces de mort, vous ne mourrez point.
Qu'est-ce qui vous ferait mourir? Serait-ce
le fruit? Il vous ouvre l'entrée de la science.
Serait-ce celui qui a fait la menace? Jetez les
yeux sur moi; j'ai touché, j'ai mangé, et cependant je vis, et je suis parvenu à une vie
plus parfaite, pour m'être élevé, par une
noble audace au-dessus de ma condition. Ce
qui est permis aux animaux serait-il interdit
à leurs rois? Ou la colère de Dieu s'allume-
rait-elle pour un sujet si léger? Ne louera-t-il
pas plutôt votre courage, que la menace de
la mort n'a point empêché de mériter une
vie plus heureuse par la connaissance du
bien et du mal? Du bien, pour le pratiquer,
rien n'est plus juste; quant au mal, si le mal
est quelque chose de réel, pourquoi ne le
pas connaître? C'est le meilleur moyen de
l'éviter. Dieu ne saurait vous punir à être
juste; s'il est injuste, il n'est pas Dieu; il ne
faut point le craindre, il ne faut point lui
obéir. Que prétend-il donc, en cherchant à
vous intimider? Eh! ne le voyez-vous pas?
Il veut vous tenir dans l'ignorance et dans
l'humilité pour se conserver des adorateurs.
Il sait qu'au jour que vous en mangerez, vos
yeux que vous croyez bons, mais qui sont
encore troubles, seront parfaitement ouverts
et éclairés. Vous serez comme des dieux, et
vous connaîtrez comme eux le bien et le mal.
Si, de l'état de brute, ce fruit m'a rendu intérieurement semblable à l'homme, il faut, par

une juste proportion, qu'il vous rende semblables aux dieux, ainsi peut-être vous mourrez en quittant l'humanité pour vous revêtir de la divinité. Qui ne souhaiterait une mort dans la suite si fortunée? Qui pourrait en craindre le moment, malgré les frayeurs qu'on a voulu vous en donner? Que sont les dieux, pour que l'homme ne puisse parvenir à leur rang? Usez de ce qu'on sert à leur table, et vous serez bientôt leur égale. Ils se sont trouvés les premiers dans le monde; ils vous ont fait accroire que tout procédait d'eux, j'en doute; car je vois que cette terre merveilleuse, échauffée par les rayons du soleil, produit chaque espèce et je ne vois rien faire aux dieux. S'ils ont tout fait, pourquoi la connaissance du bien et du mal se trouve-t-elle dans cet arbre, afin que quiconque en mange obtienne la sagesse sans leur permission? L'homme peut-il commettre un crime en tâchant d'acquérir des lumières? Quel tort fait votre science au Seigneur? Si tout dépend de lui, qu'est-ce que peut produire cet arbre sans sa volonté? Est-ce l'envie qui l'a engagé à vous faire cette défense? Mais l'envie peut-elle trouver place dans ces cœurs célestes? Il est donc évident que ce fruit vous sera d'une utilité infinie. Déesse humaine, prenez et goûtez hardiment.

Il finit. Ses paroles artificieuses firent, hélas! trop d'impression dans le cœur d'une femme trop faible. Elle regarda fixement le fruit; la vue seule en était tentante, et le son de ces mots persuasifs retentissait encore dans son oreille; cependant l'heure de midi s'approchait et éveillait en elle un ardent appétit, que redoublait l'odeur exquise de ce fruit, sa beauté sollicitait son œil avide; elle commençait à succomber, mais auparavant elle s'entretint de la sorte :

Divin fruit, ta vertu, sans doute, est grande; mais pourquoi nous es-tu interdit? Pourquoi t'avons-nous si longtemps négligé? Dès le premier essai, tu as donné la parole aux stupides et aux muets: par toi, la langue auparavant embarrassée se trouve en état de publier tes louanges. Celui qui nous défend ton usage ne nous a point caché ton prix, puisqu'il t'a nommé l'arbre de la science du bien et du mal. Sa défense relève ton mérite, elle nous laisse pressentir tes vertus et nos besoins; car sûrement on n'a point le bien que l'on ignore, ou si on le possède et qu'on l'ignore, cette ignorance est égale à la privation. Il est donc sensible que celui qui nous défend la science, nous défend aussi le bien, qu'il nous défend d'être sages: de telles défenses n'obligent point; mais si la mort vient nous frapper, à quoi nous serviront les connaissances que nous aurons acquises? Au jour que nous mangerons de ce fruit, nous sommes condamnés à mourir. Eh! quoi, le serpent est-il mort? Il a mangé, il vit, il sait, il parle, il raisonne, il discerne, lui qui jusque là était privé de la raison. La mort a-t-elle été faite uniquement pour nous? Ou les bêtes seules ont-elles droit sur une nourriture divine refusée à l'homme? Le serpent, le premier et le seul qui en ait goûté, nous invite à partager son bonheur: exempt de toute envie, il nous transporte ses droits. Le serpent n'est point un garant suspect; ami de l'homme, il est éloigné de toute tromperie et de toute malice. Qu'est-ce donc que je crains? Mais plutôt dans cette ignorance du bien et du mal, de Dieu ou de la mort, de la loi ou de la peine, sais-je ce qu'il faut craindre? Instruisons-nous. Ce fruit divin possède la vertu de rendre sage; il renferme et l'utile et l'agréable. Qui nous empêche donc d'en prendre et de nourrir à la fois le corps et l'esprit?

A ces mots, dans une heure fatale, portant au fruit sa main téméraire, elle cueillit, elle mangea. La terre sentit la funeste blessure; et la nature, poussant de profonds soupirs, annonça que tout était perdu.

Le serpent, ayant consommé son crime, se déroba dans les bois, et il le pouvait aisément. Eve donnait toute son attention à ce fruit délicieux. Il surpassait à son goût tous ceux qu'elle connaissait; peut-être avait-il, en effet, plus de saveur; peut-être se l'imaginait-elle par la haute attente qu'elle avait de la science, et par l'idée qu'elle se formait de sa divinité prochaine. Elle ignorait qu'elle faisait passer la mort en son sein. Enfin rassasiée et comme enivrée de son crime, elle se livra aux transports les plus vifs de joie et de confiance.

O le plus précieux de tous les arbres! tu conduis heureusement à la sagesse! Pouvais-tu être condamné à l'obscurité? On t'avait diffamé devant nous, et ton beau fruit pendait inanimé comme nuisible. Arbre divin, je vais réparer ta gloire. Au lever de l'aurore, je viendrai chaque jour, dans la joie de mon cœur, chanter tes louanges et publier tes mérites. Mon premier soin sera de soulager tes branches, qui offrent libéralement à toute la nature leurs fruits abondants. Je ne cesserai point de te visiter, jusqu'à ce que ton suc, coulant dans mes veines avec mon sang, ait fait passer dans mon esprit la science universelle des dieux. Ils nous envient ce qu'ils ne sauraient donner. Si la science était en leur pouvoir, elle ne croîtrait pas sur cet arbre. Quelles obligations ne t'ai-je point, ô expérience, incomparable guide? Sans toi, l'ignorance était pour toujours mon partage!

tu m'as donné l'accès à la sagesse qui prend plaisir à se cacher. Peut-être suis-je devenue invisible comme les dieux ; ils ignorent mon changement. Le Ciel est trop haut et trop éloigné, pour qu'ils puissent voir distinctement ce qui se passe sur la terre. D'autres soins ont détourné les yeux de notre grand législateur. Peut-être ses espions sont-ils tous rassemblés autour de lui. Mais comment me dois-je montrer à Adam? Lui déclarerai-je dès aujourd'hui mon bonheur? Lui apprendrai-je les moyens de s'élever comme moi? Ou plutôt lui en ferai-je un mystère? Ne serait-il pas plus prudent de garder sans partage, en mon pouvoir, l'avantage de la science? Par là, j'attirerais davantage son amour ; je serais son égale, et peut-être, ce qui n'est point à mépriser, obtiendrais-je cette supériorité qu'il a sur moi et qui m'oblige de lui céder sans cesse. Mais quoi! si, tandis que je m'applaudis, Dieu me préparait des châtiments, s'il me donnait le coup de la mort, si je rentrais dans le néant, Adam formerait de nouveaux liens avec une nouvelle Eve et trouverait son bonheur avec elle. Ah! cette pensée seule me fait mourir : le sort en est jeté. Adam partagera avec moi le bien ou le mal. Je l'aime si tendrement, que je pourrais endurer avec lui toutes les morts : sans lui, je ne pourrais goûter la vie.

Elle dit, et, après une inclination devant cet arbre, dont l'ambroisie devait l'élever au rang des dieux; elle part pour aller rejoindre son époux. Adam l'attendait avec impatience : il avait tressé une guirlande de fleurs choisies, pour orner ses cheveux et pour couronner ses travaux rustiques, comme les moissonneurs ont coutume de couronner la reine de leur moisson.

Cette légère absence animait ses senti-

ments et lui promettait de nouveaux plaisirs au retour de sa belle compagne. Cependant le battement inégal de son cœur lui
présageait quelque chose de sinistre : ses
alarmes ne lui permirent pas de différer; il
vole au devant d'elle par la route même
qu'elle avait suivie en le quittant.

Cette route conduisait vers l'arbre de la
science. Il la vit, hélas! elle tenait en main
une branche de cet arbre funeste : le fruit
avait encore toute sa fleur et répandait une
odeur charmante. Elle courut à lui : le trouble de son visage annonçait par avance et dé-
clarait ouvertement son crime. Sa bouche le
publia bientôt, avec des mots flatteurs qui
ne lui manquaient jamais au besoin.

Adam, ne t'es-tu point étonné de mon re-
tardement? J'ai été séparée de toi, privée de
ta présence, et ce temps m'a paru un siècle.
Je ne connaissais pas encore les impatiences
de l'amour, et je ne m'y exposerai plus; non,
je te le proteste, je ne ferai de ma vie un
essai qui m'a coûté si cher. Je n'avais point
éprouvé jusqu'ici les inquiétudes de l'éloignement, quand on perd de vue tout ce que
l'on aime; mais j'ai été retenue par quelque
chose de surprenant. Cet arbre n'est pas,
comme on nous l'a dit, un arbre dangereux
et mortel; ses vertus sont admirables : il a
la vertu de dessiller les yeux et d'élever à la
divinité; j'en ai pour garant l'expérience
même. Le plus subtil des animaux, le serpent, soit qu'on ne lui eût point fait de défense, soit qu'il n'ait pas craint de désobéir,
a mangé du fruit, et il n'est pas mort, suivant la menace qui nous a été faite. Depuis
ce temps, il parle, il raisonne. et, par la force
de ses discours, il m'a si bien convaincue,
que j'en ai goûté, et j'ai trouvé que les effets
répondaient à ce qu'il me disait. Il m'a paru

que l'on m'ôtait un bandeau de dessus les yeux; ce fruit a porté la lumière dans mon esprit et l'élévation dans mon cœur. J'ai senti qu'il m'approchait du rang des dieux : je n'ai cherché cette grandeur que pour te la procurer. La divinité même, si je ne la partageais avec toi, perdrait à mes yeux son plus bel avantage. Prends donc ce fruit, afin qu'un même sort, une même joie, nous unissent comme l'amour nous lie maintenant : si tu me refuses, je crains qu'une inégalité de conditions ne nous sépare, et qu'alors, mais trop tard, je ne veuille pour toi renoncer à la divinité, quand le destin ne le permettra plus.

Eve se justifia de la sorte : elle affectait de montrer de la joie; mais son œil inquiet découvrait le malheur de son état. Adam, dès qu'il eût entendu la désobéissance où sa femme s'était portée, demeura surpris, interdit, déconcerté; une froide horreur courut dans ses veines et la faiblesse s'empara de ses membres. La guirlande qu'il avait tressée pour Eve tomba de ses mains appesanties, et les roses se flétrirent subitement. Il resta longtemps pâle et sans voix; mais enfin il rompit le silence par ces lamentations :

O toi, dont la beauté faisait jusqu'ici l'ornement de la nature; toi, le dernier et le meilleur des ouvrages de Dieu, créature en qui excellait tout ce qui pouvait être formé pour la vue ou pour la pensée, de saint, de divin, de bon, d'aimable et d'attrayant; dans quel abîme t'es-tu précipitée? Comment te vois-je en un instant pervertie, dégradée, avilie et livrée à la mort? Eve a-t-elle pu consentir à violer la défense du Très-Haut? Eve a-t-elle pu se résoudre à porter une main criminelle sur le fruit sacré? Ah! je reconnais ici le funeste ouvrage d'un ennemi inconnu. Ma résolution est prise : je te suivrai dans les bras de la mort. Puis-je vivre sans toi? Comment renoncer au charme de tes entretiens et à l'amour qui formait entre nous de si douces chaînes? Irai-je encore traîner une vie errante et solitaire dans ces bois déserts? Quand l'Eternel pourrait se résoudre à créer une seconde Eve; quand il la formerait encore d'une partie de moi-même, pour me donner une compagne, ta perte ne s'effacerait jamais de mon cœur. Non, non, je sens que la chaîne de la nature m'entraîne, tu es chair de ma chair, os de mes os : un même sort nous est réservé.

Après ces exclamations, il se calma un peu, et comme un homme qui commence à revenir d'un triste accablement et qui, s'étant d'abord livré à la douleur, se soumet enfin à une chose sans remède, il adressa ce discours à Eve :

Téméraire, quelle tempête viens-tu de soulever contre nous? Nos regards même auraient dû, par respect, s'abstenir de contempler ce fruit, et tu as osé y porter une main profane, en manger, malgré la malédiction que tu savais y être attachée : quelle faute! mais enfin elle est commise, et qui peut empêcher que ce qui est fait ne soit arrivé? Le Tout-Puissant même et le destin ne sauraient renverser l'ordre des actions passées. Peut-être cependant tu ne mourras point: peut-être l'action n'est-elle pas si odieuse, après que le fruit a été profané par le serpent. Cet attentat l'aura sans doute flétri, et privé de sa sainteté avant que l'homme en ait goûté; j'envisage encore qu'il n'a point été mortel pour lui : le serpent vit, comme tu le dis, et il a l'avantage de posséder une vie plus parfaite. Cette induction est forte pour nous; en le mangeant, nous pourrions devenir des dieux ou des anges demi-dieux. Comment croire que le sage créateur veuille sérieusement effectuer sa menace et nous détruire? Nous sommes ses meilleures créatures : il nous a constitués en dignité et préposés sur tous ses ouvrages. Comme ils ont été créés pour nous, par une dépendance nécessaire ils périraient avec nous; ainsi l'Eternel, trompé dans ses desseins, ferait, déferait et perdrait le fruit de ses productions. Cette idée est indigne de Dieu : quoiqu'il pût recommencer sa création, il serait pourtant fâché de nous exterminer. Son adversaire en triompherait et serait en droit de dire : L'état de ceux que le Seigneur favorise le plus est peu assuré. Qui peut se flatter de lui plaire longtemps? Il m'a ruiné le premier, il ruine aujourd'hui le genre humain. Qui doit-il ruiner encore après nous? Il se gardera bien de donner à notre ennemi ce sujet d'insulter sa providence. Mais j'ai lié mon sort avec le tien : je suis résolu de subir même jugement; si la mort m'unit avec toi, la mort est une vie pour moi; la nature (je le sens dans mon cœur), avec ses liens puissants, m'entraînant vers toi, me ramène à moi-même; tout ce que tu es vient de moi. Notre état ne peut être séparé : un seul esprit nous anime nous ne sommes qu'une chair : te perdre, ce serait me perdre moi-même.

O glorieuse preuve d'un amour excessif, répondit Eve, illustre témoignage, exemple relevé qui m'engage à l'imiter! Mais étant si éloignée de ta perfection comment y parviendrai-je, Adam, du cher côté duquel je me vante d'être issue? Quelle est ma joie, quand je t'entends rappeler notre union : un cœur, une âme en nous deux! Tu m'en donnes en ce jour une preuve bien marquée : tu te soumets à la mort et à tout ce qu'il y a de plus terrible, plutôt que de laisser rompre notre union, que l'amour a formée. Tu déclares que tu es résolu de t'engager avec moi dans la même faute, dans le même crime, si c'en est un de goûter de ce beau fruit. C'est lui (car du bien procède toujours le bien), c'est lui qui, par sa vertu, t'a présenté un moyen de signaler ton amour d'une manière éclatante. Si je croyais que mon expérience dût être suivie de la mort dont nous avons été menacés, je m'offrirais seule à ses plus rudes coups. Je ne te proposerais point de marcher sur mes traces, et j'aimerais mieux mourir que de t'obliger à faire quelque chose de pernicieux à ton repos, surtout après que tu viens de me donner une si authentique assurance de ton amitié; mais ce que j'éprouve m'engage à te presser de suivre mon exemple. Loin que la mort m'ait anéantie, je sens ma vie augmentée, mes yeux ouverts, de nouvelles espérances, de nouvelles joies, un goût si divin, que tout ce que j'ai connu de voluptueux jusqu'ici me semble insipide au prix de ce fruit? Mange-s-en donc, Adam, sur mon expérience, et livre aux vents la crainte de la mort.

En disant ces mots, elle l'embrassa, et, ravie de le voir s'exposer volontairement à la colère divine ou à la mort plutôt que de l'abandonner, elle versa des larmes de tendresse. Pour marque de sa reconnaissance, elle lui donna libéralement du fruit séducteur de la branche qu'elle tenait en main. Il n'hésita point à manger, malgré ce qu'il savait; il en mangea, non par ignorance, mais par faiblesse pour les charmes de sa femme.

La terre trembla, comme étant de nouveau dans les douleurs, et la nature poussa un second mugissement. Le tonnerre gronda, le Ciel s'attrista et versa quelques larmes à la consommation du crime dont tous les hommes devaient être infectés. Adam n'y fit point d'attention; il était tout occupé du goût de ce fruit.

Eve ne craignit point de redoubler sa première faute; elle voulait rassurer son époux par son exemple. Les voilà tous deux enivrés, ils nagent dans la joie. Ils s'imaginent sentir la divinité qui leur donne des ailes pour voler dans les Cieux; mais ce fruit trompeur produisit un effet bien contraire. Il enflamma pour la première fois en eux une ardeur criminelle; les soupirs commencèrent à être les interprètes de leur amour; et bientôt Adam découvrit en ces termes l'égarement de son esprit :

Ma chère compagne, le goût n'est pas une des moindres parties de la sagesse. Je t'admire par là. Nous perdions tout en nous abstenant de ce fruit, et nous ne connaissions pas le meilleur mets du monde. S'il se trouve tant de plaisir dans les choses qui ne sont pas permises, il serait à souhaiter qu'au lieu d'un seul arbre, il y en eût dix de défendus. Réjouissons-nous de la découverte que nous avons faite. Jamais, depuis le premier jour que je t'ai vue et que je t'épousai, ornée de toutes les perfections imaginables, ta beauté n'enflamma mes sens d'une pareille ardeur. Tu dois à la vertu de ce fruit mille nouvelles grâces que je n'avais point aperçues dans toi.

Eve lui répondit par des regards pleins de langueur. Il saisit sa main, qu'elle lui abandonna sans résistance pour se laisser conduire à son gré.

Un berceau riant les enveloppa de son ombre épaisse. Les fleurs, les pensées, les violettes, l'asphodèle et l'hyacinthe, doux et nouveaux tapis de la terre leur servirent de couche.

Le sommeil, versant sur eux son humide rosée, mit fin à leurs plaisirs, et les songes, funestes enfants de l'intempérance, commencèrent à les tourmenter. Ils s'éveillèrent, accablés de fatigue, ils se regardèrent l'un l'autre et virent leur honte et leur nudité : leurs yeux s'étaient ouverts. L'innocence, dont le voile autrefois leur ôtait la vue du mal, les avait abandonnés. La juste confiance, la pureté naturelle et l'honneur s'étaient éloignés d'eux. Tel, l'Hercule Danite, le fort Samson, se leva d'entre les bras impurs de la Philistine Dalila et s'éveilla, privé du don de force qu'il avait reçu du Ciel.

Dépouillés comme lui, et dénués de toute leur vertu, ils gardèrent longtemps un morne silence, comme s'ils eussent perdu la voix. Adam la recouvra le premier, et, malgré la confusion dont il était couvert, il fit entendre ces plaintes :

Pourquoi as-tu prêté l'oreille aux faux raisonnements de ce reptile séducteur ? Il disait bien que nous changerions. Où est l'élévation qu'il nous promettait ? Nos yeux se sont ouverts en effet, nous connaissons le bien et, et le mal : le bien que nous avons perdu et le mal où nous sommes livrés. Funeste science, si c'en est une, de savoir que nous sommes dénués d'honneur, d'innocence, de foi, de pureté. C'étaient là nos premiers ornements : ils sont maintenant flétris et souillés. Nous portons sur le front les signes évidents de l'infâme concupiscence, d'où dérivent le mal et la honte qui marchent toujours à la suite du crime. Comment soutiendrai-je la face de Dieu ou des anges, que je voyais autrefois si souvent avec joie et avec transport ? Ces figures célestes éblouiront désor-

mais de l'éclat insupportable de leurs rayons
cette substance terrestre.

O! puissé-je vivre, errant et solitaire, dans
quelque retraite obscure, où les bois impéné-
trables à la lumière du jour entretiennent
une nuit perpétuelle! Couvrez-moi, vous,
pins, cèdres, cachez-moi sous vos branches
innombrables; épargnez à mes yeux la clarté
du soleil. Mais dans l'état déplorable où nous
sommes réduits, songeons à dérober à nos
yeux ce qui nous ferait rougir. Couvrons-
nous de feuilles, afin que la honte que nous
commençons à connaître ne nous reproche
pas sans cesse notre impureté.

Tel fut son conseil, et tous deux ils s'enfoncèrent ensemble dans le bois le plus
épais. Ils y choisirent le figuier; non cette
espèce renommée pour le fruit, mais cette
autre que connaissent encore aujourd'hui
les Orientaux en Malabar ou Decan. Ses ra-
meaux courbés prennent, dit-on, racine en
terre, et croissant à l'ombre de la principale
tige, comme des filles qui se rassemblent
autour de leur mère, forment des portiques
où résident les échos : c'est là que le berger
indien se garantit de l'ardeur du jour; cependant il observe à travers les ouvertures
ses troupeaux qui paissent l'herbe tendre.
Ils en cueillirent des feuilles larges comme
un bouclier d'amazone, et les ajustant sur
leurs corps, ils essayèrent, mais en vain, de
se dérober la honte de leur crime.

Quelle différence entre cet état et celui de
l'innocence? Ainsi, dans ces derniers siècles,
le voyageur génois trouva les Américains
portant une ceinture de plume, du reste nus,
et dispersés parmi les forêts qui sont sur les
rivages des îles.

Enveloppés de la sorte, mais sans avoir le
contentement et le repos de l'esprit, ils s'as-

sirent : une pluie de larmes tomba de leurs
yeux; il s'éleva encore au dedans de rudes
et de furieuses tempêtes.

Les passions tumultueuses, la colère, la
haine, la méfiance, le soupçon et la discorde
ébranlèrent violemment l'assiette de leur esprit; région calme autrefois et paisible, maintenant agitée et turbulente. L'entendement
ne gouvernait plus, la volonté n'écoutait
plus sa voix : elle se trouvait soumise à
l'appétit sensuel, qui, soulevé contre l'empire de la raison, prétendait alors dominer. Adam voulut parler; il ne put que se
plaindre.

Pourquoi n'as tu pas déféré à mes paroles,
dit-il, en s'adressant à Eve? Pourquoi n'es-tu
pas demeurée avec moi, comme je t'en priais
quand un dérèglement d'esprit te faisait
courir à ta perte? Nous ne serions pas,
comme nous le sommes dépouillés de tout,
honteux, nus, misérables. Que personne désormais ne s'expose sans nécessité à mettre
sa foi à l'épreuve : quiconque en cherche
l'occasion, est déjà criminel.

Eve, sensible à ce reproche, lui répondit :
Quels mots sont sortis de ta bouche, cruel
Adam? Tu me fais un crime de mon malheur;
ta présence ne l'eût point détourné; peut-
être même serais-tu tombé le premier; tu
n'aurais pu découvrir de fraude dans le serpent. Il n'y a point de sujet d'inimitié entre
nous : pourquoi devait il me vouloir du mal
ou chercher à me nuire? Fallait-il jamais ne
m'éloigner de toi? Mais puisque j'étais si faible et que tu étais mon chef, pourquoi ne
me commandais-tu pas absolument de rester? Tu savais que je m'exposais à un si
grand danger; ta facilité nous a perdus : si
tu m'avais marqué un peu de fermeté, nous
serions encore innocents.

Ingrate, reprit Adam, courroucé pour la première fois, est-ce là ta tendresse, est-ce là le prix de mon amour? Je t'en donnai une preuve certaine, quand il n'y avait encore que toi de criminelle. J'aurais pu jouir de l'heureux état de l'immortalité; cependant j'ai préféré la mort avec toi, et maintenant tu me fais des reproches comme si j'étais la cause de ta chute. Je n'ai pas été assez sévère à te retenir : Que pouvais-je faire de plus? Je t'ai prévenue, je t'ai avertie, je t'ai fait connaître le danger et l'ennemi caché qui te menaçait. Si j'en eusse fait davantage, j'aurais employé la violence, et la force n'a point de droits sur la volonté; elle est libre de sa nature, mais la présomption t'a emportée : le désir d'une vaine gloire t'a fait mépriser le danger : hélas! je me suis trop reposé sur tes perfections; j'ai cru, sans raison, que le mal n'aurait point de prise sur toi; je suis la victime de mon erreur, et tu oses maintenant être mon accusatrice. Il en arrivera de même à quiconque se fiant trop au mérite de sa femme, lui laissera faire sa volonté; elle suivra ses caprices, et après qu'elle aura fait ce qu'elle se proposait, s'il en arrive quelque mal, elle accusera d'abord la faiblesse de son mari.

Ainsi dans une accusation mutuelle ils passaient le temps sans fruit : aucun d'eux ne se condamnait lui-même, et leur vaine dispute semblait ne devoir jamais finir.

FIN DU NEUVIÈME LIVRE

LIVRE DIXIÈME

ARGUMENT

Aussitôt que les Anges ont connu la désobéissance de l'homme, ils abandonnent le Paradis et remontent au Ciel pour justifier leur vigilance. L'Eternel déclare qu'ils ne pouvaient empêcher l'entrée de Satan. Le Fils de Dieu, envoyé pour juger les coupables, descend, prononce le jugement et, touché de compassion, il les habille tous deux et remonte. Le Péché et la Mort, assis jusque-là aux portes de l'Enfer, sentant, par une sympathie merveilleuse, le succès de Satan dans ce nouveau Monde et le crime de ceux qui l'habitent, prennent la résolution de ne pas rester davantage aux Enfers, mais de se transporter vers la demeure de l'homme pour trouver Satan. Ils font une communication de l'Enfer à ce monde et construisent un pont à travers le chaos, en suivant la route que Satan avait d'abord tenue; ensuite se préparant à descendre sur la terre, ils le rencontrent qui revenait tout fier de ses succès. Leurs congratulations mutuelles. Satan arrive à Pandæmonium; il raconte avec vanité, dans une pleine Assemblée, la victoire qu'il a remportée sur l'homme. Au lieu des applaudissements qu'il comptait recevoir, il entend un sifflement général. Les Anges de Ténèbres sont changés tout à coup en serpents : ils rampent tous, suivant le jugement prononcé, dans le Paradis. Un bois de la même nature que l'Arbre défendu s'élève auprès d'eux. Ils montent avidement sur les branches pour prendre du fruit et mâchent de la poussière et des cendres amères. Le Péché et la Mort infectent la nature. Dieu prédit que son Fils les détruira un jour tous deux. Il commande à ses Anges de faire diverses altérations dans les Cieux et parmi les Eléments. Adam s'apercevant de plus en plus du changement de son état pleure amèrement et repousse Eve, qui met tout en usage pour le consoler. Elle redouble ses efforts et l'apaise enfin ; elle songe à détourner la malédiction qui devait tomber sur leur postérité et proposa à Adam des moyens violents, qu'il n'approuve point. Il conçoit de meilleures espérances, il lui rappelle la promesse qui leur a été faite, que sa race tirera vengeance du Serpent, et il l'exhorte à se joindre avec lui pour apaiser, par la pénitence et par les prières, la Divinité offensée.

Déjà le crime que Satan venait de consommer dans Eden, était connu de l'Eternel. Il savait comment, sous la figure du serpent, il avait séduit Eve, qui, après avoir mangé du fruit fatal, en avait fait encore goûter à son mari ; car qu'est-ce qui peut échapper à l'œil qui voit tout, ou qui pourrait tromper l'Esprit saint, à qui rien n'est caché ! Cet Etre souverainement sage n'empêcha point Satan de tenter nos premiers pères. Les lumières et les forces qu'ils tenaient de Dieu suffisaient pour découvrir et pour repousser les pièges d'un ennemi déclaré ou d'un ami contrefait. Ils savaient l'un et l'autre, et ils devaient toujours avoir devant les yeux l'ordre qu'ils avaient reçu d'en haut, de ne point toucher à ce fruit, malgré les tentations qui pouvaient se présenter. Au moment qu'ils tombaient dans la désobéissance, ils encouraient la peine prononcée suivant l'oracle infaillible, et par une complication de crime ils méritaient la mort. Les anges, qui étaient répandus dans le Paradis terrestre, montèrent promptement vers le ciel : leur morne silence marquait assez à quel point ils étaient sensibles au malheur de l'homme. Sa faute leur était connue ; mais ils ne concevaient point comment le subtil ennemi s'était glissé à leur insu. Dès que les funestes nouvelles arrivèrent aux portes de l'empyrée, tous ceux qui les entendirent furent attendris. Le front des bienheureux se couvrit d'une sainte tristesse, mais qui n'altérait point leur béatitude. Le peuple céleste, curieux d'apprendre le détail, courut en foule autour des nouveaux venus. Ceux-ci, chargés de rendre compte au Trône suprême, s'avancèrent avec respect, et ils justifièrent aisément leur extrême vigilance ; alors le Père Tout-Puissant, du fond de son tabernacle, qu'une obscurité majestueuse environne, fit entendre le tonnerre de sa voix.

Esprits immortels, et vous Puissances, dont le zèle n'a point été secondé par le succès, ne soyez point abattus ni décourages. Vos soins les plus sincères ne pouvaient prévenir ce qui vient d'arriver sur la terre : je vous le prédis, lorsque le tentateur sorti des enfers, traversait les gouffres de l'abîme. Je vous fis entendre qu'il réussirait dans ses mauvais desseins : que l'homme serait séduit et perdu par la flatterie, et qu'il écouterait plutôt l'esprit de mensonge que son créateur ; cependant mes décrets ne concouraient point à nécessiter sa chute ou à ébranler par le moindre degré d'impulsion son libre arbitre. Je l'avais laissé à sa propre disposition, pour en conserver ou pour en rompre l'équilibre : il est tombé. Que reste-t-il, sinon de fulminer contre lui la sentence irrévocable de la mort, dénoncée au jour de sa transgression ? Il regarde déjà la menace comme frivole, parce qu'elle n'a point eu son effet immédiatement après sa désobéissance ; mais avant la fin du jour il verra que mes coups, pour être suspendus, n'en sont pas moins certains. S'ils ont méprisé ma bonté, je leur ferai redouter ma justice : c'est à toi, ô mon Fils, de prononcer leur arrêt ; je t'ai remis mes jugements au ciel, sur la terre et dans les enfers. La clémence et la justice marcheront devant toi. Quel juge plus favorable les hommes pourraient-ils souhaiter ? Tu en es le médiateur, la rançon, le rédempteur, et la nature humaine, dont tu consens à te revêtir, te constitue leur juge naturel.

L'auguste Père s'énonça dans ces termes, et dévoilant sa gloire dans tout son éclat, il répandit à sa droite les rayons sereins de la divinité de son Fils, qui représenta dignement la splendeur paternelle.

Mon Père, répondit-il avec une douceur toute divine, c'est à vous de commander, à moi d'exécuter votre volonté suprême : mon obéissance répondra toujours à votre amour. J'irai juger sur la terre ces coupables, auxquels, malgré leur crime, vous daignez encore prendre intérêt, la peine de leur crime tombera sur moi, quand les temps seront — accomplis ; je m'y suis engagé devant vous, et je ne m'en repens point. En vertu de ce sacrifice volontaire, j'ai obtenu le pouvoir d'adoucir leur châtiment, mais j'accorderai la justice avec la miséricorde, en sorte qu'elles brilleront toutes deux avec éclat, et que vous serez parfaitement apaisé. Je ne prendrai nulle escorte, nulle suite : personne ne sera témoin de mes arrêts, hormis l'homme que je jugerai. Le démon est déjà condamné, il est convaincu par sa fuite. Quant au serpent, il n'a pas besoin de conviction.

A ces mots, il se leva de son siège rayonnant à côté de celui du Tout-Puissant, dans un même degré de gloire. Les trônes, les vertus, les principautés et les dominations qui composent sa cour, l'accompagnèrent aux portes du ciel, d'où l'on découvrait distinctement Eden, et les provinces voisines ; il descendit tout à coup en bas. La vitesse des dieux n'est point mesurée par le temps, quoique porté sur les rapides ailes des heures.

Le soleil incliné vers l'Occident, s'éloignait du midi, et les zéphirs s'éveillant à l'heure ordinaire, envoyaient leurs douces haleines pour rafraîchir la terre et pour introduire la tranquille soirée, quand le Fils juge et intercesseur tout à la fois, vint prononcer à l'homme l'arrêt décisif de son sort. Ils se promenaient tous deux dans le jardin : la voix de Dieu portée sur les ailes des vents, à l'heure que le jour commençait à tomber, frappa leurs oreilles : ils l'entendirent, et se cachant de sa présence, ils s'enfoncèrent parmi les arbres les plus épais. Vains projets, inutile fuite! Dieu s'approche, il les joint et parle en ces mots :

Où es-tu, Adam? A mon arrivée tu avais coutume d'accourir avec joie pour me recevoir. Je ne suis pas content de voir que tu manques ici. Autrefois ton devoir empressé t'amenait sans te faire chercher? Peux-tu me méconnaître? Ma gloire n'est-elle plus la même? Quel changement te fait absenter, ou quel malheur te retient? Parais, je l'ordonne.

Il parut, et avec lui Eve plus timide, quoiqu'elle eût été la première à désobéir; tous deux interdits et déconcertés. Leurs regards ne marquaient nul amour pour leur créateur, nulle charité mutuelle : on n'y voyait que le crime, la honte, le trouble, le désespoir, la colère, l'obstination, la haine, la tromperie. Adam, après avoir longtemps hésité, répondit en peu de mots.

J'ai entendu votre voix dans le jardin; mais, saisi de frayeur, parce que j'étais nu, je me suis caché.

Le divin juge repartit avec modération : tu as souvent entendu ma voix, et tu n'en étais point effrayé; au contraire, elle t'inspirait de la joie? Comment est-elle devenue aujourd'hui si terrible pour toi? Qui t'a dit que tu étais nu? As-tu mangé du fruit de l'arbre, où je t'avais défendu de toucher?

Adam répondit avec peine : O ciel! je suis aujourd'hui devant mon juge dans la fâcheuse obligation de prendre sur moi tout le crime, ou d'accuser une autre moi-même, la moitié de ma vie! Pendant qu'elle me reste fidèle, je devrais cacher sa faute, sans l'exposer au

blâme par ma plainte; mais l'étroite nécessité
me soumet : j'obéis à la dure contrainte, de
peur que la faute et la punition ne tombent
entièrement sur ma tête incapable de la supporter, et quand je m'obstinerais à garder le
silence, votre œil pénétrant discernerait bientôt ce que je voudrais cacher. Cette femme
que vous avez fait pour être mon aide, et que
vous m'avez présentée comme un don parfait,
si bonne, si convenable, si aimable, si divine,
que de sa main je ne pouvais soupçonner
aucun mal, et dont les grâces semblaient
justifier toutes les actions, m'a donné du fruit
de l'arbre et j'ai mangé.

Etait-elle ton Dieu, répondit l'Etre suprême,
était-elle ton Dieu, pour lui obéir préféra-
blement à moi? Etait-elle même ton égale,
pour lui céder ainsi le rang où ton Créateur
t'avait élevé? Ne l'a-t-il pas tirée de ta substance, et formée pour ton service; et n'étais-
tu pas bien plus excellent qu'elle en toutes
sortes de perfections? Elle fut ornée en effet,
et avantagée de la beauté pour attirer ton
amour, mais non pas pour te soumettre à ses
caprices. Tous ses attributs portaient un caractère de subordination, et non d'autorité.
C'était à toi de dominer si tu eusses su te
connaître.

Il adressa ensuite à Eve ces paroles :
Femme, qu'as-tu fait?

Eve accablée de tristesse et de honte, con-
fessa bientôt sa faute, mais avec la soumission et la retenue convenables devant son
juge; et elle répondit : le serpent m'a trompée, et j'ai mangé.

Quand Dieu les eut entendus, il prononça
l'arrêt contre le serpent accusé, quoique brute
et incapable de rejeter le crime sur celui qui
l'avait rendu l'instrument de sa méchanceté
et qui en avait abusé pour une fin contraire

à celle de sa création. S'il fut donc maudit, ce fut avec justice. Il n'importait pas à l'homme d'en savoir davantage, puisque sa pénétration ne s'était pas étendue plus loin, et cela n'aurait pas changé la nature de son crime. Cependant Dieu, en termes mystérieux qu'il choisit à dessein, disposa son jugement de sorte qu'il comprît Satan l'auteur du péché, en faisant tomber sa malédiction sur le serpent.

Parce que tu as servi de vase à l'iniquité, tu es maudit entre tous les animaux et toutes les bêtes des champs ; tu ramperas sur le ventre, et tu mangeras la poussière chaque jour de ta vie. Je mettrai une inimitié entre toi et la femme, entre sa race et la tienne; elle te brisera la tête, et tu lui briseras le talon.

L'oracle se vérifia, lorsque Jésus, fils de Marie, la seconde Ève, vit Satan, prince de l'air, tomber du haut du Ciel comme un éclair. Le divin Messie, sortant de son tombeau, dépouilla les principautés et les puissances : il en triompha publiquement, et dans une ascension brillante il mena la captivité captive à travers les airs. C'est là qu'au milieu de son propre empire, le prince des ténèbres se trouvera un jour foulé sous nos pieds, grâce au Dieu de paix qui doit combattre pour nous ; puis il tourna sa sentence sur la femme.

Je multiplierai considérablement tes peines dans tes grossesses; tu enfanteras dans la douleur, et tu seras soumise à la volonté de ton mari ; il dominera sur toi. Il finit par ce jugement prononcé contre Adam.

Parce que tu as écouté la voix de ta femme, et que tu as mangé du fruit de l'arbre où je t'avais défendu de toucher, la terre est maudite à cause de toi : tu en mangeras péniblé-

ment les fruits tous les jours de ta vie : elle
te produira d'elle-même des épines et des
chardons; l'herbe des champs sera ta nourriture. Tu mangeras ton pain à la sueur de ton
front, jusqu'à ce que tu rentres dans cette
même terre dont tu as été tiré. Connais ta
naissance : tu es poudre et tu retourneras en
poudre.

Il fit ainsi l'office de juge et de sauveur; il
condamna l'homme et il recula le coup de la
mort qui devait les frapper au jour de leur
désobéissance : puis ayant pitié de l'état misérable où ils se trouvaient nus, et exposés
aux injures de l'air dont la température allait
souffrir de grands changements, il ne dédai-
gna pas de commencer dès lors à prendre la
forme d'un serviteur, plein de cette bonté
qui lui fit laver dans la suite les pieds de ses
disciples, il les revêtit en ce jour, ainsi qu'un
bon père de famille, aux dépens des animaux
qu'il égorgea pour en avoir la dépouille, ou
qu'il dédommagea en leur donnant en
échange une peau nouvelle, comme au serpent. Il ne garantit pas seulement la nudité
extérieure de ses ennemis, mais il couvrit
leur nudité intérieure, qui est la plus ignominieuse à ses yeux. Il remonta au Ciel, et
rentra dans le sein bienheureux de son père,
au milieu de sa gloire, où il réside éternellement. Après qu'il l'eut apaisé par une douce
intercession, il lui raconta tout ce qui s'était
passé entre lui et l'homme.

Cependant avant que le crime eût été
commis, et jugé sur la terre, le péché et la
mort se tenaient en présence l'un de l'autre,
au dedans des portes de l'enfer, dont l'énorme
ouverture vomissait au loin dans le chaos
un torrent de flammes. Ils avaient toujours
gardé l'entrée depuis que le prince des démons était sorti par l'entremise du péché,

quand ce dernier s'adressa ainsi à la mort :

O mon fils, pourquoi nous tenons-nous ici nonchalamment assis ? Pourquoi perdons-nous le temps à nous regarder l'un l'autre, pendant que Satan, notre grand auteur, prospère dans d'autres mondes, et qu'il nous prépare un plus heureux établissement ? Le succès sans doute l'accompagne ; autrement chassé avec furie par les ministres des vengeances célestes, il serait déjà de retour en ces tristes régions. Il n'est point de lieu plus convenable pour son châtiment, ni plus au gré de leur fureur ; je m'imagine sentir en moi une nouvelle force ; il me semble qu'il me croît des ailes, et que j'entre en possesson d'un vaste empire, audelà de cet abîme. Quelque chose m'attire, je ne sais si c'est sympathie ou un effet de la nature assez puissante pour agir à la plus grande distance, et pour unir d'une amité secrète, par un mouvement inexprimable, les choses qui ont du rapport ensemble. Il faut que tu te joignes à moi : rien ne doit diviser la mort d'avec le péché. La difficulté de repasser à travers ce gouffre impraticable pourrait arrêter notre grand souverain. Entreprenons un ouvrage hardi, mais facile à notre puissance unie : essayons de faire un pont sur l'abîme, depuis l'Enfer jusqu'à ce nouveau monde, où Satan triomphe à cette heure. Ce monument nous rendra recommandables à toute l'armée infernale ; il lui servira de passage pour aller et venir, ou pour se transporter ailleurs, si le destin le permet. Je ne saurais manquer le chemin : le nouvel instinct qui opère en moi, m'attire trop vivement.

Va, repartit à l'instant le squelette hideux, va où ton penchant et la gloire t'appellent : je ne resterai point en arrière ; et je ne me perdrai point avec un tel guide. Le goût du

carnage, la proie immense et l'odeur de mort
que répandent toutes les créatures qui vivent
au monde, nous marquent notre route. Je ne
me refuse point à l'ouvrage que tu te proposes ; j'en veux partager l'honneur avec
toi.

En achevant ces mots, il respira avec délices l'odeur du fatal changement qui était
arrivé sur la terre ; ainsi les oiseaux carnas-
siers, malgré l'éloignement, démêlent l'exha-
laison des cadavres vivants qui sont destinés à la mort pour la journée suivante, dans
un sanglant combat. Ils s'avancent en troupe
et se rendent vers le champ où les armées
se trouvent campées à la veille d'une bataille.
Tel, éventant sa proie d'une distance prodi-
gieuse, le spectre affreux renversait en haut
ses larges narines et se complaisait à sentir
la corruption de l'air empesté.

Soudain franchissant les portes de l'enfer,
ils s'envolent dans la confuse anarchie du
chaos vaste, sombre et fangeux et planant
au-dessus des eaux avec une force surpre-
nante, ils rassemblent tout ce qu'ils peuvent
trouver de solide ou de visqueux, épars et
dispersé, ainsi que dans une mer orageuse :
ils en font comme un banc de sable, puis ils
le tirent, chacun de leur côté, vers la bouche de l'Enfer. Ainsi deux vents contraires
soufflant sur la mer Cronienne, dans la bande
du pôle rassemblent des montagnes de glace,
qui bouchent le passage imaginé de Petzora,
vers l'Orient, aux côtes opulentes du Cathai.
La mort, de sa pesante massue, battit ce terrain, le rendit aussi fixe que Delos, autrefois
flottante : ses regards plus glaçants que ceux
de la Gorgone, cimentèrent le reste avec un
mastic plus fort que le bitume asphaltite. Ils
attachèrent solidement aux fondations de
l'enfer, la chaussée, dont la largeur répon-

dait à celle des portes, et ils construisirent
en arcade sur l'abîme écumant le mole immense; énorme pont, qui s'étendait jusqu'aux
solides remparts de ce monde, maintenant
démantelé, ouvert, dévoué à la mort, et joint
à l'enfer par une communication large et
facile. Ainsi Xerxès, pour asservir la liberté
de la Grèce, si l'on peut comparer les grandes choses aux petites, partit de Suze, l'an-
cien palais de Memnon, s'avança jusqu'à la
mer, jeta un pont sur le Bosphore, joignit
l'Europe à l'Asie et soumit sous ses coups les
vagues indignées.

Ils poussèrent d'une façon merveilleuse, en
suivant la trace de Satan, une chaîne de rochers supendus en forme de voûte audessus
de l'abîme désolé. L'arcade immense s'ap-
puyait d'un bout sur les enfers et de l'autre
sur l'aride surface de ce monde sphérique,
au même lieu où le prince des démons s'était
impunément abattu au sortir du chaos. Ils
affermirent le tout avec des clous et des
chaînes de diamant : hélas ! ils le firent trop
solide et trop durable.

Arrivés sur la plage qui fait la séparation
du monde terrestre et de l'empyrée, ils voient
d'un même point les régions du Ciel, de la
Terre, des Enfers. Trois chemins condui-
saient à chacun de ces empires. Les deux
monstres envisageaient la demeure de nos
premiers pères; quand ils aperçurent Satan
qui montait au Zénith, entre le Centaure et
le Scorpion, pendant que le Soleil se levait
dans le Bélier, il s'était travesti sous la
figure d'un ange de lumière. La mort et le
péché reconnurent bientôt leur père, quoiqu'il eût pris toutes les mesures possibles
pour dérober sa marche. Après avoir séduit
la mère du genre humain. Il se glissa furtivement dans le bois prochain, et changeant

de forme, sans perdre de vue les criminels, il vit Ève qui engageait, mais sans aucun mauvais dessein, un époux trop complaisant dans le piège où elle s'était laissé surprendre : il remarqua leur honte et leur confusion, mais quand il reconnut le fils de Dieu qui descendait pour les juger, il s'enfuit épouvanté. Ce n'est pas qu'il espérât échapper au châtiment; il ne cherchait qu'à retarder les coups dont la colère céleste aurait pu foudroyer à l'heure même la tête coupable. Après le jugement, il revint de nuit et il écouta les discours que nos premiers pères tenaient entre eux. Leurs plaintes lui apprirent sa propre condamnation ; mais il entendit qu'elle était sursise et reculée au temps à venir. Là dessus portant avec lui la joie et la nouvelle du succès, il part pour l'enfer, et rencontre au bord du chaos, près de ce pont merveilleux, ses redoutables enfants, qui, sans être attendus, venaient audevant de lui. A cette rencontre la joie fut grande de part et d'autre, et la sienne augmenta à la vue de cet édifice surprenant : il fut longtemps en admiration, jusqu'à ce que l'ombre enchanteresse du péché rompit le silence en ces mots :

O mon père ! ce sont là tes ouvrages magnifiques ! Ne reconnais-tu pas tes propres trophées ? Sans toi, cet arc de triomphe n'aurait point été construit. Mon cœur qui se remue toujours avec le tien par une secrète harmonie, a d'abord eu un pressentiment de ta victoire. J'ai compris que tu avais prospéré sur la terre, tes regards le témoignent clairement. Aussitôt, quoique séparée de toi par l'intervalle de plusieurs mondes, j'ai senti que je devais marcher à ta suite avec ce fils qui s'offre à tes yeux. Tel est le fatal rapport qui nous unit. Les barrières de l'en-

fer n'ont point été capables de nous retenir,
et les ténèbres de l'abîme impraticable n'ont
pu nous détourner de suivre tes illustres
vestiges. Tu nous as rendu notre liberté, auparavant resserrée dans une infâme prison,
tu as étendu nos limites, et tu nous as mis
en état de nous y maintenir, et de construire
au-dessus du noir abîme, ce pont énorme.
Ta valeur a gagné ce que tes mains n'ont
point fait, et ta sagesse, recouvrant avec
avantage ce que la guerre t'avait enlevé, a
pleinement vengé notre défaite dans le ciel.
Ici tu règneras en monarque, là tu ne ré-
gnais point. Laisse dominer là-haut le vainqueur, comme la bataille en a décidé; aussi
bien il te cède la souveraineté de ce nouveau
monde. Il l'a aliéné par les arrêts qu'il a ful-
minés lui-même; et partageant avec toi la
monarchie de toutes choses, il sépare par les
bornes de l'empyrée ses régions supérieures
d'avec tes domaines inférieurs. Laisse-le
donc en paix, ou plutôt éprouve contre son
trône ta puissance plus redoutable que jamais.

Mes enfants, répondit avec joie le prince
des ténèbres, vous venez de montrer d'une
manière signalée que vous êtes la race de
Satan : tel est mon nom; et je me glorifie
d'être l'antagoniste du Tout-Puissant. Que
ne mériterez-vous point de moi et de l'empire infernal? Cet ouvrage, que vous avez
poussé près des portes du ciel, couronne mes
exploits guerriers, et joint vos trophées aux
miens. Par là vous avez fait de l'enfer et de
ce monde, un même empire, un même
royaume soumis à nos lois, un continent
d'une communication aisée. Allez donc jouir
du fruit commun de nos travaux, tandis que
traversant les ténèbres à la faveur de la
nouvelle route que vous avez frayée, j'irai

joindre mes guerriers pour les informer de nos succès, et pour leur faire part de notre joie. Allez vers ces nouveaux mondes; ils vous sont dévolus. Etablissez-vous, et régnez dans la béatitude. Exercez votre domination sur le globe terrestre, dans les airs, et principalement sur l'homme, à qui l'Eternel avait donné la monarchie de la terre : assurez-vous d'abord de lui comme de votre esclave, jusqu'à ce que, par un coup fatal, vous tranchiez le fil de ses jours. Je vous envoie en mon nom, et je vous donne un plein pouvoir : rien ne vous résistera : vous êtes issus de moi. Ne divisez point vos forces; c'est sur elles que je fonde la conservation de ce nouvel empire, que le péché, grâce à mes exploits, a livré à la mort. Si vous êtes victorieux, l'enfer ne saurait manquer de prospérer. Allez, et faites sentir partout votre puissance.

Les deux monstres à l'instant courant à travers les constellations, répandirent leur poison. Les étoiles infectées pâlirent, et les planètes souffrirent de véritables éclipses.

Le prince des démons prit l'autre route, et descendit le long du nouvel ouvrage aux portes de l'enfer. Des deux côtés, le chaos divisé gémissait sous la structure, et de ses vagues bondissantes assaillait les solides arcboutants qui se moquaient de son indignation.

Satan arriva, il entra; les portes étaient ouvertes et sans défenses : tout marquait la désolation. Ceux qui devaient garder l'horrible entrée, abandonnant leur poste, avaient pris leur vol vers le monde supérieur; le reste s'était retiré dans le cœur du pays, sous les murailles du château de Pandœmonium, superbe demeure de Lucifer. Le monarque orgueilleux doit ce nom à l'étoile brillante qui tombe à l'aspect du soleil, et figure la chute de Satan.

Là les légions faisaient une garde vigilante. Cependant les grands, assemblés au conseil, examinaient ce qui pouvait arrêter si long-temps leur empereur : il leur avait donné cet ordre en partant, et ils l'observèrent.

C'est ainsi que les Tartares, évitant la ren-contre des Russiens leurs ennemis, se reti-rent à la vue d'Astrakan, dans les plaines couvertes de neige. Tel encore le Sophi Bactrien, fuyant le croissant de Bysance, ra-vage le pays qu'il laisse derrière lui au-delà du royaume d'Aladule, afin d'assurer sa re-traite vers Tauris ou Casbin.

Ainsi ces légions, nouvellement bannies des cieux, désertèrent les provinces fron-tières de l'enfer, et se renfermèrent dans leur capitale, en attendant leur grand géné-ral qui était allé, en qualité de volontaire, pour découvrir d'autres mondes.

Il passa au milieu d'eux sous la forme d'un ange militant du plus bas ordre, et traver-sant l'assemblée d'une manière invisible, il monta sur son trône. Il les observa quelque temps sans se découvrir : Enfin sa taille au-guste se produisit, et son front étincelant d'un reste de gloire, ou plutôt d'une fausse lueur qu'il avait conservée par la permission divine, se montra comme une étoile qui sort d'un nuage. A cet éclat subit, la foule sty-gienne reconnut son prince. Les anges téné-breux poussèrent des cris de joie, quand ils virent leur puissant chef, dont ils souhai-taient ardemment le retour.

Les pairs infernaux qui tenaient le con-seil, se levèrent, coururent vers leur souve-rain, et le félicitèrent par des acclamations. Sa main leur imposa silence, et sa voix ob-tint leur attention.

Trônes, dominations, principautés, vertus, puissances; non seulement ces titres éminents vous sont légitimement acquis, mon expédition, dont le succès a passé ma propre espérance, doit encore vous faire jouir des droits qui y sont attachés. Je reviens pour vous conduire triomphants hors de ce gouffre. Allez dominer comme souverains dans un monde spacieux, et peu inférieur à notre ciel natal. Je l'ai conquis en bravant le danger et la peine. Il serait trop long de vous dire ce que j'ai fait et ce que j'ai souffert; avec quelle fatigue j'ai voyagé dans l'immense et vide profondeur de l'horrible confusion. Vous y trouverez maintenant une route que le péché et la mort ont préparée pour faciliter votre glorieuse marche : mais quelles difficultés n'ai-je point rencontrées dans mon voyage? J'ai été forcé de m'ouvrir un chemin au travers de l'abîme intraitable : je me suis vu plongé dans le sein de la nuit éternelle, et du chaos barbare, qui jaloux de leurs secrets, et fièrement opposés sur mon passage, portaient avec des clameurs tumultueuses, au trône du destin, leurs protestations contre mes entreprises. Je ne finirais point, si je voulais vous apprendre comment j'ai trouvé la nouvelle création, que la renommée nous avait autrefois annoncée dans le ciel. Je ne vous en raconterai point les beautés, ni comment j'ai rencontré au milieu d'un paradis, l'homme qui devait son bonheur à votre exil. La nature du crime est quelque chose d'inconcevable; mais l'Eternel a livré en proie sa créature chérie, sa postérité, et tout ce monde au péché et à la mort : nous en sommes donc les maîtres, sans qu'il nous ait fallu essuyer aucun danger, aucune fatigue, aucunes alarmes. Il ne tient qu'à nous de nous y transporter, de nous y établir, et d'aller exercer sur l'homme, l'empire que le ciel lui avait déféré sur toutes les créatures. Il est vrai que ce Dieu, à qui j'ai enlevé ces nouveaux sujets, m'a aussi jugé, ou plutôt ce n'est pas moi, mais le serpent, dont j'ai emprunté les organes pour exécuter mes desseins. Ce qui me console, c'est l'inimitié qu'il veut mettre entre moi et l'homme. Je dois briser son talon ; mais sa race (le temps n'en est pas marqué) me brisera la tête. Qui ne voudrait pas acheter un monde au prix d'une blessure ou d'une peine encore plus rude ? Voici le détail de mon expédtion. Que vous reste-t-il à faire à présent, célestes divinités ? Levez-vous, partez, jouissez de la béatitude que je vous ai préparée.

Il dit, et son orgueil suspendit son discours, pour goûter au milieu des acclamations, les applaudissements qu'il croyait mériter, quand il entendit de tous côtés d'épouvantables sifflements, signe du mépris général. Il s'étonna, mais son étonnement redoubla encore en se regardant. Il sentit son visage s'allonger et se diminuer ; ses bras se collèrent à ses côtés, et ses jambes s'entrelacèrent l'une dans l'autre, jusqu'à ce que, transformé en un serpent monstrueux, il tomba étendu sur le ventre. Il fit tout son possible pour résister, mais en vain ; une plus grande puissance disposait de lui. Réduit par une juste condamnation à la figure dont il s'était servi pour séduire l'innocence, il voulut parler ; mais sa langue fourchue ne produisit que des sifflements comme les autres ; ils se trouvèrent tous pareillement transformés en serpents.

On n'entendit plus que des voix aiguës et perçantes : la salle était remplie de monstres pêle-mêle confondus, scorpions, aspics, cruelles amphisbènes, céractes cornus, hydres, ellopes et dipsades terribles; jamais le terrain humecté du sang de la Gorgone, ni l'île d'Ophiuse, ne fourmillèrent de tant de reptiles.

Au milieu de tous, Satan se distinguait par sa grandeur. Dragon effroyable, et bien plus monstrueux que l'énorme python, celui que dans les champs pythiens le soleil engendra du limon de la terre, il semblait encore conserver sa supériorité.

Ils le suivirent dans la campagne; ceux qui étaient au dehors en faction ou en ordre de bataille, l'attendaient avec impatience, et se livraient au plaisir de songer qu'ils allaient voir leur chef dans toute sa gloire, quand il sortirait pour la cérémonie du triomphe. Ils le virent: un spectacle bien différent de ce qu'ils se promettaient frappa leurs regards; ils ne trouvèrent qu'une troupe de serpents affreux. L'horreur et la contagion les saisit : ils sentirent en eux un semblable changement : leurs armes, leurs lances et leurs boucliers tombèrent par terre; ils tombèrent eux-mêmes. Le cruel sifflement se renouvela; ils prirent tous par sympathie cette forme hideuse : ils avaient concouru dans le crime, ils en partagèrent la peine. Ainsi l'applaudissement qu'ils se proposaient fut changé en un bruit de dérision, le triomphe en opprobre, et leurs propres bouches servirent à les couvrir eux-mêmes d'ignominie.

Au moment qu'ils furent transformés, on vit croître, auprès d'eux, un bois chargé de fruits semblables à ceux que portait dans le paradis, l'arbre dont le tentateur s'était servi pour séduire Eve. Dieu l'avait ainsi ordonné, pour aggraver leurs tourments. Ils attachèrent fixement leurs yeux sur cet objet imprévu; et au lieu d'un arbre défendu, ils s'imaginèrent en voir lever une forêt, pour les accabler de honte et de douleur.

Tourmentés par une ardente soif et par une faim cruelle que Dieu leur envoya pour les faire donner dans le piége, ils ne purent s'abstenir de ces fruits décevants; ils se roulèrent en troupe, et s'entortillèrent autour de l'arbre. Bientôt ses branches, pareilles aux tresses qui formaient la chevelure de Mégère, furent couvertes de ces abominables reptiles, ils arrachèrent avidement le fruit plus trompeur que cet autre, qui crût depuis près du lac d'Asphalte, où Sodome fut embrasée. L'un n'abusait que l'œil, l'autre abusait encore le goût. Ils croyaient soulager leur faim; mais leur bouche empoisonnée n'était remplie que de cendres, qu'ils étaient forcés de vomir avec des contorsions épouvantables. L'homme ne tomba qu'une seule fois; pour eux, ils retombaient à tous les moments dans la même illusion, et leur faim n'était point rassasiée. Le sifflement dura jusqu'au terme prescrit par le Tout-Puissant, pour les rendre à leur forme naturelle. Ils sont obligés tous les ans, à ce que disent quelques-uns, de subir la même peine pendant un certain nombre de jours, pour punir leur orgueil et pour diminuer la joie qu'ils ont d'avoir séduit l'homme. Nonobstant cette humiliation, ils se sont vantés de leur conquête; et pour en conserver la mémoire, ils ont publié dans le monde païen que le serpent Ophion, avec Eurinome, peut-être la même qu'Eve, qui fit tant de mal à l'univers, gouverna d'abord le haut Olympe, d'où il fut chassé par le vieux époux de Rhéa, avant que la Crète eût vu naître Jupiter.

Les deux monstres arrivèrent dans le pa-

radis; hélas? ils y arrivèrent pour notre
malheur! Le péché en prit possesion pour
étendre de là son empire sur la terre. La
mort marchait derrière lui pas à pas; elle
n'était point encore montée sur son cheval
pâle : le péché lui dit en s'adressant à elle :

Second rejeton de Satan, puissante mort,
que penses-tu de cet empire qui nous appartient? Regrettes-tu la fatigue du voyage? Ne
sommes-nous pas ici beaucoup mieux que si
nous fussions restés aux sombres portes de
l'enfer, pour les garder d'une manière servile, inconnus, méprisables, et toi-même
mourant de faim?

Le monstre hideux lui répondit : Il m'importe peu du ciel, du paradis ou de l'enfer
pourvu que ma faim soit satisfaite; je serai
le mieux où il y aura le plus à dévorer. L'a-
bondance qui se trouve ici ne suffira pas
encore aux besoins de ce corps vaste et dé-
charné.

Commence donc, dit le péché, à te repaî-
tre de ces herbes, de ces fruits et de ces
fleurs; prends ensuite pour ta nourriture les
quadrupèdes, les poissons et les oiseaux :
ne fais aucun scrupule de dévorer tout ce
que la faulx du temps peut moissonner, jusqu'à ce qu'établissant ma résidence dans la
race de l'homme, j'infecte ses pensées, ses
regards, ses paroles et ses actions, pour en
faire ta dernière et ta plus douce proie.

A ces mots, ils se séparèrent et prirent différentes routes; mais dans le même dessein
de ruiner tout, en répandant sur les diverses créatures de la terre les semences em-
poisonnées d'une destruction inévitable. Le
Tout-Puissant les observant de son trône
sublime au milieu de ses saints, fit entendre
sa voix à ses cohortes brillantes.

Voyez avec quelle ardeur s'avancent ces

monstres d'enfer ; ils ne songent qu'à rava-
ger et qu'à détruire ce monde parfait que
j'ai créé, et que j'aurais conservé dans le
même état, si la témérité de l'homme n'eût
introduit ces furies dévorantes qui osent
m'accuser de folie : elles ne sauraient concevoir comment je leur ai permis de s'approcher et de se saisir d'une demeure si céleste. Il leur semble que, par une indigne
connivence, je me suis déterminé à entrer
dans les vues de mes fiers ennemis, et que
dans un transport de colère j'ai indiscrète-
ment remis et abandonné tout à leur disposition. L'enfer ne sait pas que si je souffre
ses monstres dans ces lieux, ils y sont destinés à consumer les immondices que la désobéissance de l'homme a répandues sur ce
qui était pur dans son origine. Après qu'ils
en auront tiré le venin, un jour viendra, mon
fils, mon bien-aimé, que le péché, la mort et
le sépulcre insatiable renversés d'un seul
coup de ton bras victorieux, seront précipi-
tés à travers le chaos : ainsi tu fermeras la
descente de l'enfer, et l'ouverture de sa
gueule ravissante se trouvera scellée pour
jamais ; alors la terre et les cieux renouve-
lés, brilleront d'une sainteté que rien ne
pourra plus souiller ; mais il faut auparavant que la malédiction prononcée ait son
effet.

Il finit, et la céleste assemblée chanta des
cantiques plus élevés que le mugissement
des mers : tous s'étaient réunis pour célé-
brer l'Eternel.

Tes voies sont justes et tes décrets sont
remplis d'équité. Qui pourrait donner atteinte
à ta gloire ? Ton trône inébranlable par lui-
même, est encore soutenu par un fils qui sera
le rédempteur du genre humain, et qui dans
les siècles futurs tirera de l'abîme, ou fera

descendre de l'empyrée, un nouveau ciel et une terre nouvelle : tels étaient leurs chants.

Le créateur appelant les premiers entre ses anges, leur donna les ordres les plus convenables à l'état présent des choses. Ils enjoignirent d'abord au soleil de changer son cours, et de luire d'une manière qu'il pût affecter la terre d'un froid et d'une chaleur à peine supportables, amenant du nord l'hiver décrépit et du midi les rudes chaleurs du solstice. Ils réglèrent les fonctions de la lune, et ils prescrivirent aux cinq autres planètes leurs bizarres mouvements et leurs nuisibles aspects, le sextil, le quadrat, le trine et l'opposé, en leur indiquant des temps pour s'unir dans une conjonction maligne. Les étoiles fixes apprirent à verser leurs influences malfaisantes; quelques-unes en se levant, d'autres en tombant avec le soleil, furent préposées pour exciter les tempêtes. Ils rangèrent les vents dans leurs divers quartiers, les laissant maîtres de confondre à grand bruit la mer, l'air et la terre, et de rouler terriblement le tonnerre par les régions ténébreuses de l'air. On dit qu'il ordonna à ses anges d'éloigner les pôles de la terre deux fois dix degrés et plus de l'axe du soleil; aussitôt, avec un rude effort, ils poussèrent obliquement le globe central. D'autres prétendent que le soleil eut ordre de détourner dans la même distance de la route équinoxiale les rênes de son char. Il passe donc par le Taureau pour visiter les sept sœurs Atlantiques et les jumeaux de Sparte, en montant au tropique du Cancer, et descend par le Lion, la Vierge et la Balance jusqu'au Capricorne. Cette marche nouvelle causa un changement de saisons dans les divers climats; autrement la terre toujours ornée de fleurs naissantes, même après le péché, au-

rait joui d'un printemps éternel et les jours
se seraient trouvés égaux aux nuits, excepté
pour les pays situés au-delà des cercles po-
laires. Pour eux le jour eût brillé sans nuits,
et pour les dédommager de sa distance, le
soleil toujours présent à leurs yeux et circu-
lant dans leur même plan, aurait perpétuel-
lement terminé leur horizon, sans qu'ils eussent pu distinguer ni levant ni couchant :
ainsi son aspect constant aurait préservé
des neiges le froid Estotiland, et les terres
australes également éloignées au-dessous du
détroit de Magellan.

À la vue du crime de nos premiers pères,
le soleil, frappé d'horreur, se jeta hors de sa
route, comme il fit depuis au festin de
Thyeste; ou bien il faudrait croire que, même
dans l'état d'innocence, le monde destiné à
être rempli d'un bout à l'autre, se serait
trouvé sujet au rude froid de l'hiver et aux
chaleurs excessives de l'été.

Ces changements, qui arrivèrent dans les
cieux, produisirent avec le temps des muta-
tions aussi considérables dans la mer et sur
la terre. Les astres répandirent ici-bas la fa-
mine, les vapeurs, les brouillards et les exhalaisons chaudes, corrompues et pestilentiel-
les. Les vents crevèrent leur prison d'airain.
Du côté du nord de Norumbeca et des rives
Samoyèdes, Borée, Cœclas, le bruyant Ar-
geste et Thracias armés de glace, de neige,
de grêle, de pluie et de tempêtes, arrachent
les bois et soulèvent les mers. Avec un souffle contraire, se mutinant du côté du midi
vers Serraliona, le Sud et l'Aser chassèrent
devant eux des nuages chargés de tonnerres
et bouleversèrent les flots de l'Océan. Non
moins furieux les vents du levant et du couchant, Eurus et Zéphirus, et leurs fougueux
collatéraux Sirocco et Libecchio, se jetèrent

à la traverse : ainsi le désordre commença par les choses inanimées. La discorde, fille du péché, introduisit une cruelle antipathie parmi les créatures brutes et privées de raison. Les animaux se déclarèrent la guerre, tous cessant de paître l'herbe, se dévorèrent l'un l'autre. Ils n'eurent plus de déférence pour l'homme; mais ils s'enfuirent de lui, ou avec une contenance affreuse ils firent étinceler leurs yeux sur son passage. Adam, caché au milieu de l'ombrage le plus épais, où il s'abandonnait au désespoir, voyait une partie de ces maux qui le menaçait au dehors; mais il en sentait intérieurement de plus rudes; et se laissait emporter par l'orage de ses passions, il chercha dans ces tristes plaintes un soulagement à son cœur affligé.

Malheureux que je suis, de quel degré et dans quel abîme me vois-je précipité? Est-ce là la fin de ce monde glorieux, qui ne fait que de naître? à peine créé je péris, et je vois ma félicité changée en malédiction. Qui me cachera de la face de Dieu? Sa vue faisait autrefois mon bonheur le plus sensible. Je me consolerais encore si ma misère devait se terminer dans moi. Je l'ai méritée, et je porterais la peine de ma faute; mais il n'en sera pas ainsi. Tout ce qui m'environnera et tout ce qui proviendra de moi, ne fera que perpétuer ma confusion. O paroles ci-devant entendues avec joie : *Croissez et multipliez*, que vous me désespérez maintenant! Que puis-je faire croître ou multiplier, si ce n'est des malédictions sur ma tête? Tous mes enfants souffriront de mon crime. Chacun d'eux s'écriera : Maudit soit l'auteur corrompu de notre impure naissance; il est la cause de nos malheurs. Ainsi, outre ma propre malédiction qui me restera toujours

attachée, toutes celles de mes descendants
retourneront vers moi comme à leur centre
naturel et m'accableront un jour. O joies
courtes du paradis! y a-t-il la moindre proportion entre votre plaisir passager et des
peines continuelles? Te priai-je, mon créateur, de me donner l'être, quand tu me for-
mas du limon? Te sollicitai-je de me tirer
des ténèbres ou de me placer dans ce jardin
délicieux? Comme ma volonté ne concourut
point à mon existence, ta justice devrait se
contenter de me réduire en poussière. Incapable d'accomplir tes conditions trop dures
et de garder le bien que je ne cherchais pas,
je t'offre de te rendre tout ce que j'ai reçu.
La privation de ce bien n'est-elle pas une
peine suffisante? Pourquoi me tourmentes-tu
par une cruelle idée de malheurs sans fin?
ta justice semble inexprimable. J'avouerai
cependant que je me plains trop tard. J'ai su
sous quelles conditions mon bonheur m'était
accordé, il fallait alors les refuser; je les ai
acceptées, j'ai dû les observer. Dieu m'a fait
sans ma participation; mais quoi, si ton
fils se révoltait contre toi, s'il osait te dire :
Pourquoi m'as-tu mis au monde, je ne t'ai
point demandé la vie, admettrais-tu pour sa
justification cette orgueilleuse excuse? Ce ne
serait pourtant point ton choix, mais la nécessité naturelle qui l'aurait formé. Dieu t'a
fait de son propre mouvement et pour le servir à son gré. Tu tenais de sa grâce tous les
biens dont tu jouissais; il est donc le maître
de te punir comme il lui plaît. Eh bien! je
me soumets à ses jugements; ils sont tous
équitables : je suis poudre et je retournerai
en poudre. Quand arrivera cette heure dési-
rée? Pourquoi sa main diffère-t-elle d'exécuter ce que ses décrets ont fixé en ce jour?
pourquoi suis-je frustré de la mort et ré-

servé par dérision à des peines qui n'auront
point de fin ! Avec quelle joie affronterais-je
le trépas en subissant ma sentence ! avec
quel plaisir me verrais-je réduire en une
terre insensible et me coucherais-je comme
dans le giron de ma mère ! là je me repose-
rais et je dormirais en pleine sûreté. La voix
terrible du Tout-Puissant ne tonnerait plus
à mon oreille ; nulle crainte de plus gra
maux pour moi et pour ma postérité ne
tourmenterait par une attente cruelle.
pendant un doute m'embarrasse encore : je
crains de ne pouvoir mourir tout entier : je
crains que ce pur souffle de vie et que cette
portion de l'esprit que Dieu lui-même a inspiré à l'homme ne survive à cette argile cor-
porelle. Que sais-je si dans le tombeau, ou
dans quelque autre place effroyable, je ne
mourrai point d'une mort vivante ? O pensée
terrible, si je dois me trouver dans cette
triste situation ! Mais non, cette partie su-
périeure de moi-même qui veut, qui pense,
qui agit, est celle qui a péché. Le corps pro-
prement n'a fait ni l'un ni l'autre, je mourrai donc tout entier. Tenons-nous-en là,
puisque l'esprit humain n'en sait pas davantage. Dieu est infini, mais s'ensuit-il que sa
colère le soit de même ? Et quand cela serait,
l'homme est un être fini. Il est condamné à
la mort ; comment donc l'Eternel peut-il exercer sa colère sans fin sur l'homme que la
mort doit finir ? Peut-il faire la mort immortelle ? Cela se contredit, est impossible à
Dieu, et marquerait plus de faiblesse que de
puissance. Allongera-t-il, pour punir l'homme,
le fini jusqu'à l'infini, afin de satisfaire sa
rigueur qui ne pourrait jamais être assou-
vie ? Ce serait aller contre la loi de la nature, suivant laquelle tous les agents con-
sultent moins la portée de leur pouvoir que

du sujet sur lequel ils agissent. Que sais-je, après tout, si la mort est ce que j'imagine ici ? Que sais-je si c'est un coup subit qui me privera de tout sentiment, ou si la mort n'est point cette chaîne de maux qui se déclarent en moi et hors de moi, pour durer peut-être toute l'éternité ? Malheureux, cette pensée revient sans cesse m'épouvanter : je ne puis la rejeter. Plus je raisonne, plus je me confirme dans l'opinion que la mort me tourmentera éternellement. Enfants infortunés d'un père coupable, quel patrimoine vais-je vous laisser ! O si je pouvais seul consumer ce triste héritage et ne vous point laisser une portion si funeste !

Quelles obligations ne m'auriez-vous pas de vous avoir épargné tant de malheurs ? Pourquoi la faute d'un seul entraîne-t-elle la ruine de tout le genre humain qui en est innocent ? Que dis-je, innocent ? Peut-il sortir de moi autre chose que de la corruption, une âme et un cœur assez dépravés pour tomber et pour se précipiter volontairement comme j'ai fait dans le mal ? Pourraient-ils donc être quittes aux yeux de Dieu ? Je suis forcé de l'absoudre. Mes vains subterfuges et mes détours embarrassés, ainsi que des labyrinthes, ne servent qu'à me confondre moi-même. De quelque côté que je me tourne, je me trouve l'origine de toute iniquité, et tout le blâme tombe sur moi. Plût à Dieu que toute sa colère fondît aussi sur moi ! Téméraire souhait ; pourrais-tu supporter ce fardeau plus pesant que la terre et que tout l'univers, quand même tu en partagerais le poids avec la compagne de ta fortune ? Ainsi ce que tu désires et ce que tu crains, détruit également ton espérance, et montre que tu es au comble du malheur, seul semblable à Satan en crime et en châtiment. O conscience !

dans quel gouffre d'alarmes et d'horreurs m'as-tu réduit? Je ne trouve aucune issue pour en sortir, et je tombe d'abîmes en abîmes.

Adam faisait entendre ses plaintes lamentables dans le silence de la nuit : elle ne ressemblait plus à ces nuits fraîches et tempérées, où la nature innocente semblait attentive à ménager à son souverain toutes les douceurs du repos. Elle était embarrassée d'une obscurité lugubre et l'effroi qu'elle répandait contribuait encore à lui faire mieux sentir l'horreur de son crime. Il était accablé sous le poids de sa douleur ; et tristement étendu sur une terre humide, il maudissait sans cesse l'heure de sa naissance. Il accusait à tout moment la lenteur de la mort; la menace l'avait jointe de plus près à l'offense. Pourquoi la mort, disait-il, suspend-elle si longtemps un coup si désiré? Que ne vient-elle trancher mes tristes jours? La vérité peut-elle se démentir? La justice éternelle ne se hâtera-t-elle pas de s'accomplir? Mais, sourde à ma voix, l'inexorable mort se refuse à mes désirs. Les cris ni les prières ne changent point l'ordre que la justice divine s'est prescrit. O bois, fontaines, montagnes, vallées, je faisais naguère retentir vos échos des sentiments de mes plaisirs et de ma reconnaissance; je ne leur apprends plus qu'à gémir.

Eve, qui pleurait, assise à l'écart, vit son affliction : elle se leva et s'approcha de lui, pour tâcher de calmer ses transports furieux, mais il la repoussa d'un ton sévère.

Retire-toi, dangereux serpent; ce nom te convient après la ligue que tu as faite avec lui : tu n'es ni moins fausse, ni moins odieuse. Pourquoi ne lui ressembles-tu pas par l'extérieur et par la figure, afin qu'à l'a-

venir toutes les créatures, averties de ta malice intérieure, se reculent à ta vue, et
qu'elles ne se laissent point surprendre par
tes charmes trompeurs qui couvrent une
malignité infernale? Je serais heureux si
ton orgueil n'eût cherché dans des écarts
imprudents à se satisfaire malgré mes salutaires avis. L'ambition de te faire voir au
démon même, dont tu prétendais triompher,
t'a fait rejeter mon conseil; mais au premier
abord le serpent t'a vaincue: tu m'as ensuite
séduit, et je me repens maintenant d'avoir
compté sur ta vertu. Hélas! je ne concevais
point que tu ne possédais que des perfections apparentes. Pourquoi le sage Créateur,
ayant peuplé le ciel d'esprits mâles, a-t-il
placé cette nouveauté sur la terre, ce beau
défaut de la nature; que n'a-t-il créé tout à
la fois les hommes, comme il a fait les
anges, sans aucune différence de sexe? Ou
pourquoi n'a-t-il pas trouvé quelque autre
voie pour perpétuer le genre humain? Le
monde n'aurait point essuyé les maux où je
suis plongé, ni les troubles innombrables
qui arriveront dans la suite des temps par
les artifices et par le commerce des femmes;
car tous ceux qui s'y attacheront le feront
par aveuglement ou pour leur malheur; et
l'homme, par le caprice de ce sexe, rarement
possédera celle qu'il souhaiterait, mais elle
sera gagnée par quelqu'un qui vaudra moins
que lui; ou si elle répond à son amour, ses
parents traverseront son choix, et il la
verra, mais trop tard, maîtresse de son sort,
déjà enchaîné, et lié par le mariage à une
cruelle ennemie qui le comblera de honte et
qui méritera son aversion. Ainsi la vie humaine sera exposée à des calamités infinies,
et il n'y aura point de paix domestique.

Il finit et se détourna d'elle. Ève ne se rebuta point. Fondant en larmes et les cheveux épars, elle se jeta humblement à ses pieds, qu'elle embrassa; elle demanda grâce et elle excita ainsi sa pitié.

Ne m'abandonne pas, Adam, le ciel m'est témoin de l'amour sincère et du respect que je te porte en mon cœur. J'ai péché innocemment, j'ai été malheureusement trompée : je te conjure, je te supplie, j'embrasse tes genoux; dans cette extrémité fâcheuse, ne me prive point de ce qui me donne la vie, de tes regards consolants, de ton aide et de ton conseil; c'est là ma seule force et mon unique soutien. Si tu m'abandonnes, quel sera mon recours? Que vais-je devenir? Nous n'avons peut-être plus que quelques moments à vivre, passons-les en paix. L'outrage de notre cruel ennemi nous est commun. Joignons-nous dans un même ressentiment : unissons-nous pour la ruine de ce cruel serpent, qu'un jugement solennel nous donne à combattre. N'exerce pas sur moi ta haine, à cause du malheur qui nous est arrivé. Je suis plus à plaindre, plus misérable que toi. Nous sommes tous deux coupables, mais tu as péché contre Dieu seul; j'ai péché contre Dieu et contre mon époux : je me rendrai au lieu du jugement, là j'importunerai le ciel par mes cris; je tâcherai d'éloigner de ta tête notre condamnation et je demanderai qu'elle tombe sur moi, qui suis la seule cause de ton malheur et qui mérite par là d'être le seul objet de sa colère.

Elle finit en versant un torrent de larmes. Son humble posture et sa persévérance à demander grâce d'une faute qu'elle reconnaissait et qu'elle déplorait, excitèrent la pitié d'Adam; son cœur s'attendrit en voyant une si belle créature, qui naguère était sa vie et son unique plaisir, maintenant sou-

mise à ses pieds, dans l'affliction, et cherchant l'amitié, le conseil et l'aide de celui à
qui elle avait pu déplaire; il sentit sa colère
désarmée, et relevant sa compagne, il lui
adressa ces douces paroles :

Imprudente, oses-tu encore désirer ce que
tu ne connais point? Peux-tu souhaiter d'attirer sur toi toute la punition? Contente-toi
des maux qui te sont préparés. Tu ne saurais soutenir mon indignation; comment sou-
tiendrais-tu la colère de Dieu, dont tu ne
sens encore que les premières atteintes? Si
je croyais pouvoir changer les décrets d'en
haut, je me hâterais de me rendre avant toi
au lieu du jugement, et je tâcherais d'obtenir que toute la peine tombât sur ma
tête. Je demanderais grâce pour toi, en considération de la faiblesse et de la fragilité de
ton sexe qui m'avait été confié et que j'ai
mal à propos exposé. Mais levons-nous, ne
disputons plus, et ne nous blâmons plus l'un
l'autre. Nous sommes déjà trop confondus,
sans que nous nous accusions encore. Songeons bien plutôt, par des services mutuels,
à nous entr'aider dans les maux que nous
devons supporter ensemble. Autant que je
prévois, la mort ne nous frappera point si
tôt; mais elle viendra pas à pas nous détruire lentement pour augmenter notre sup-
plice, et elle s'étendra sur nos descendants.
O postérité infortunée!

Ève, reprenant courage, lui répondit :
Adam, je sais par une triste expérience
combien mon conseil doit avoir peu de poids
auprès de toi; tu sens combien il est peu
sage et combien il t'en coûte pour l'avoir
suivi; cependant, puisque, malgré mon indignité, tu as bien voulu me recevoir en grâce,
je dois songer à regagner ton amour, qui
sera le seul contentement de mon cœur à la

vie et à la mort. Je ne te cacherai donc
point les pensées qui se sont présentées à
mon âme inquiète : elles ont pour objet l'a-
doucissement ou la fin de nos maux. Le
parti est violent, mais il est supportable et
moins dur que la situation où nous sommes.
Notre postérité, condamnée à des malheurs
certains et qui doit être enfin dévorée par la
mort, est ce qui nous touche le plus. Il serait douloureux de causer la misère d'au-
trui, de nos propres enfants, et de mettre au
monde une race malheureuse qui, après une
vie infortunée, se trouverait enfin la pâture
d'un monstre si effroyable. Nous n'avons
point encore de postérité : il est en ton pouvoir de prévenir le malheur de notre race
encore à naître. Tu es sans enfants, reste
sans enfants ; ainsi l'avidité de la mort sera
trompée, et sa bouche insatiable n'aura que
nous à dévorer. Mais si tu crois que, con-
versant ensemble, nous voyant, nous aimant
l'un l'autre, il serait difficile de nous abstenir du devoir conjugal et des doux embras-
sements que l'hymen autorise, si tu regardes
comme une peine insupportable de languir
de désir, sans espoir, en présence de l'objet
languissant d'un pareil désir ; ce qui serait,
en effet, un tourment aussi rude que tous
ceux que nous craignons ; pour nous délivrer tout d'un coup, nous et notre postérité,
abrégeons nos frayeurs, cherchons la mort ;
ou ne la trouvant point, faisons avec nos
propres mains son office sur nous-mêmes.
Pourquoi hésitons-nous à prendre notre part,
puisque nous ne voyons à nos maux d'autre
fin que la mort, et que, choisissant le plus
court de tous les chemins qui y mènent, il
est en notre pouvoir d'empêcher de plus
grands maux.

Le désespoir lui coupa la parole : son es-

prit s'était si fort occupé des pensées de la
mort, que l'on en voyait la pâleur sur ses
joues. Adam ne se laissa point aller à de
semblables conseils; son âme plus élevée
conçut de meilleures espérances, et il répondit :

Eve, ton mépris de la vie et du plaisir
s'offre comme une grandeur d'âme et n'est
qu'un effet de la faiblesse. L'envie de se détruire soi-même ne provient point d'une in-
différence pour les choses de ce monde; elle
marque le chagrin et le regret que tu as de
te voir privée du plaisir pour lequel tu as
trop d'attache. Si tu souhaites la mort
comme la dernière fin de ta misère et que tu
croies par là éluder les jugements d'en haut,
ne doute point que Dieu n'ait trop sagement
armé sa colère vengeresse, pour qu'aucune
surprise puisse lui dérober sa victime. Je
craindrais plutôt, en abrégeant nos jours,
qu'un tel désespoir, loin de nous délivrer de
la peine où nous sommes condamnés, ne
provoquât le Très-Haut à éterniser notre
mort. Cherchons donc quelque consolation
plus raisonnable; j'en trouve une, ce me
semble, dans la dernière partie de notre jugement, qu'heureusement je me rappelle. Ta
race écrasera la tête du serpent. Faible satisfaction! à moins que nous n'entendions
notre grand ennemi Satan, qui, sous la
figure du serpent nous a tendu le piège fatal.
Ce serait une vraie vengeance que d'écraser
sa tête orgueilleuse. En précipitant notre
mort, ou en nous séparant comme tu le proposes, nous perdrions cette satisfaction. Notre ennemi échapperait au châtiment qui lui
est préparé, et nous augmenterions nos peines
au lieu de les éviter. Ne songeons donc plus
à exercer aucune violence sur nous-mêmes,
et ne nous condamnons point à une stérilité

volontaire. De telles résolutions nous ôtent
tout espoir et sentent seulement l'obstination, l'orgueil, le depit et la révolte contre
Dieu et contre le juste joug qu'il nous a imposé. Souviens-toi de la modération et de la
bonté avec laquelle il nous a entendus et
jugés, sans nous marquer ni colère ni em-
portement. Nous nous attendions à être
plongés dans le néant de la mort, quand il
s'est réduit (songes-y bien) à t'annoncer seulement les peines de l'enfantement, qui seront bientôt adoucies par la joie de voir le
fruit de tes entrailles. La malédiction prononcée contre moi est tombée indirectement
sur la terre : je dois gagner mon pain à la
sueur de mon front; l'oisiveté eût été plus
fâcheuse, mon travail me fera subsister. Sa
bonté ineffable a prévenu nos prières ; il a
daigné prêter ses mains pour nous garantir
de l'incommodité du froid et du chaud; c'est
lui-même qui nous a revêtus, malgré les sujets de colère que nous lui avions donnés ; il
a eu pitié de nous même en nous jugeant.
Combien plus, quand nous le prierons, son
oreille s'ouvrira-t-elle et son cœur sera-t-il
sensible? Il nous enseignera encore des
moyens pour éviter l'inclémence des saisons, les pluies, les frimas, les grêles et les
neiges que le ciel changé de face commence
à nous montrer sur cette montagne, tandis
que les vents nous soufflent le froid et l'humide et brise les branches des arbres. Ces
tristes révolutions de l'air nous engagent à
chercher quelque meilleur abri, quelque chaleur étrangere pour réjouir nos memb es engourdis avant que le soleil, se couchant, in-
troduise la froide nuit. Nous en viendrons
peut-être à bout en rassemblant ses rayons
réfléchis que nous entretiendrons avec des
matières combustibles, ou par la collision de

deux corps, nous pourrons enflammer l'air, comme les nuages, poussés violemment par les vents impétueux, ont fait tout à l'heure en se choquant l'un l'autre. Les flammes qui en sont descendues obliquement ont embrasé à nos yeux l'écorce résineuse du pin et du sapin et nous ont fait sentir une chaleur agréable qui pourrait suppléer au défaut du soleil. Quand nous prierons le Seigneur et que nous implorerons sa miséricorde, il nous apprendra les moyens de faire un feu semblable et de soulager ou de guérir les maux que nos propres fautes nous ont attirés. Ainsi nous n'avons point à appréhender de ne point passer commodément cette vie; il nous soutiendra par plusieurs consolations, jusqu'à ce que nous rentrions dans la poussière où est notre dernier repos et notre maison natale. Que pouvons-nous faire de mieux que de nous transporter au lieu où il nous a jugés, de nous y prosterner avec soumission devant lui, d'y confesser humblement nos fautes et d'en demander le pardon en arrosant la terre de nos larmes et en poussant avec un cœur contrit nos soupirs vers le ciel, en signe d'un regret sincère et d'une parfaite humiliation; sans doute qu'il s'attendrira sur nous et que sa colère se calmera; car dans son regard serein, même quand il semblait le plus sévère et le plus courroucé, la faveur, la grâce et la miséricorde brillaient souverainement.

Notre premier père, animé d'un esprit de pénitence, parla de la sorte. Eve ne se sentit pas un moindre remords. Aussitôt, se transportant au lieu où ils avaient été jugés, ils se prosternèrent avec soumission devant leur créateur; tous deux ils confessèrent humblement leur faute et en demandèrent

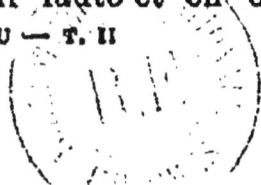

le pardon, en arrosant la terre de larmes
et en poussant avec un cœur contrit leurs
soupirs vers le ciel, en signe d'un regret
sincère, et d'une parfaite humiliation.

FIN DU DIXIÈME LIVRE.

LIVRE ONZIÈME

ARGUMENT

Le Fils de Dieu intercède pour nos premiers Pères, qui confessent leur faute; il présente leurs prières à son Père. Le Seigneur les exauce, mais il déclare qu'ils ne sauraient rester plus longtemps dans le Paradis. Il envoie Michel avec une légion de Chérubins, pour les chasser du Jardin de délices : il lui ordonne cependant de révéler auparavant à Adam ce qui arrivera dans la suite des temps. Descente de Michel. Adam fait observer à Ève quelques signes funestes. Il discerne l'arrivée de Michel et s'avance au devant de lui. L'Ange lui annonce l'arrêt de son exil. Lamentation d'Ève. Adam tâche d'obtenir grâce; enfin il se soumet. L'Ange le conduit sur une hauteur du Paradis et lui découvre, dans une vision, ce qui doit arriver jusqu'au déluge.

Touchés d'un repentir sincère, ils priaient dans la plus humble posture. La grâce prévenante, qui était descendue sur eux du trône de la miséricorde, avait fondu la pierre de leur cœur, et elle y avait fait naître une chair nouvelle. Leurs soupirs animés par l'esprit de la prière, s'élevaient avec un progrès plus rapide que celui de l'éloquence la plus impétueuse ; cependant ils conservaient encore dans leurs soumissions un air de dignité. Tels, si l'on en croit la fable, Deucalion et la chaste Pirrha, ces deux époux vénérables par leur ancienneté, quoique modernes, en comparaison de ceux dont nous parlons, se prosternèrent dévotement dans le temple de Thémis, pour réparer la race du genre humain submergé. Les prières de nos premiers pères volèrent au ciel, et elles ne furent point détournées en chemin;

ni dispersées par les vents envieux; elles percèrent les portes célestes, puis parfumées par le divin pontife de l'encens qui fumait sur l'autel d'or, elles parurent devant le trône du père; et le fils les présentant avec joie, commença ainsi son intercession :

Mon père, voyez les effets que votre grâce a produits sur la terre. En vertu du sacerdoce dont vous m'avez revêtu, je vous offre dans l'encensoir d'or les soupirs de l'homme, et ses prières mêlées d'encens : ces fruits provenant de la semence que vous avez jetée dans son cœur sont pour vous plus précieux que tous les parfums des arbres qu'il cultivait dans le paradis, et qu'il aurait pu vous offrir au temps de son innocence. Ouvrez votre oreille à ses cris; il ne sait point encore comment il doit vous invoquer : entendez ses soupirs muets; souffrez que je les interprète pour lui; je suis et son juge et son défenseur, et une victime de propitiation pour ses péchés. Transportez sur moi toutes ses œuvres, bonnes et mauvaises, mes mérites donneront aux premières une heureuse perfection, et ma mort expiera les autres. Acceptez-moi, et recevez l'odeur agréable de la paix, dont je demande à être le médiateur entre vous et les hommes : tournez la vue sur eux; leurs jours seront assez tristes, sans que votre colère les accable : qu'ils vivent jusqu'à ce que la mort, conformément à vos lois, que je ne dois point abroger, mais adoucir, les conduise à une meilleure vie, où tous mes élus demeureront dans la joie et dans la béatitude, unis avec moi, comme je suis uni avec vous.

Mon fils, reprit le père, avec une sérénité qui répandit la joie dans le ciel, je t'accorde ce que tu demandes; tes désirs sont mes décrets; mais la loi que j'ai imposée à la nature ne permet pas à l'homme de demeurer plus longtemps dans les jardins du paradis. Ces lieux sacrés qui ne souffrent point de mélange impur, le rejettent à présent qu'il a perdu son innocence; ils n'ont plus de rapport avec lui; je l'enverrai donc respirer un air immonde; son crime a infecté l'univers, et dépravé ce qui était parfait dans son origine; son crime l'assujettit à souffrir la dissolution de sa substance; il faut l'y disposer par une nourriture corrompue. Je lui avait fait au moment de sa création deux dons excellents, la béatitude et l'immortalité. Apres avoir perdu la première par sa faute, l'autre n'aurait servi qu'à éterniser son malheur : ma bonté y a pourvu : je lui ai préparé la mort, comme la fin de ses maux. C'est elle qui après une vie éprouvée dans de dures tribulations, et purifiée par la foi et par les bonnes œuvres, lui ouvrira l'entrée à une seconde vie; lorsqu'à la fin des temps les justes s'éveilleront pour partager ma gloire. Mais rassemblons les citoyens célestes; ils ont vu comment j'ai traité les anges rebelles, je veux aujourd'hui leur montrer de quelle manière j'exerce mes jugements sur le genre humain, afin de les confirmer mieux dans leur état, quelque affermi qu'il soit.

Il dit, et le fils donna le signal au ministre brillant qui veillait auprès du trône : aussitôt l'ange emboucha la trompette qui sonna quand Dieu descendit sur le mont Horeb, et qui doit au grand jour appeler les morts de leur tombeau : elle fut entendue jusques aux extrémités du ciel.

Les enfants de lumière accoururent de leurs retraites délicieuses ombragées d'amarante ; et quittant les torrents de joie qu'ils goûtaient à longs traits au bord des fontaines et des sources de vie, ils se présentèrent devant l'Eternel, et ils se placèrent suivant leurs rangs. Du haut de son trône suprême, le Tout-Puissant énonça sa volonté souveraine.

Voilà l'homme devenu comme l'un de nous : il sait, mes enfants, le bien et le mal depuis qu'il a goûté ce fruit défendu ; mais qu'il se vante de la connaissance du bien qu'il a perdu, et du mal qu'il a attiré sur sa tête : l'ignorance lui était plus avantageuse. Maintenant il s'afflige, il m'adresse ses prières dans la contrition de son cœur ; c'est ma grâce qui produit en lui ses mouvements. Si elle cessait d'agir, et qu'il fût livré à lui-même, vous verriez combien il est vain et changeant. Empêchons donc qu'il ne porte encore une main audacieuse à l'arbre de vie, qu'il n'en mange et qu'il ne vive, ou ne vienne à se figurer qu'il doit vivre éternellement. Je veux l'envoyer hors du jardin pour labourer la terre, d'où il a été tiré, et qui est un séjour plus convenable pour lui. Michel, exécute mes ordres, prends avec toi d'entre les chérubins une troupe choisie de guerriers flamboyants, de peur que le prince des ténèbres n'excite quelques nouveaux troubles à l'occasion de l'homme, ou qu'il ne songe à envahir sa demeure déserte. Hâte-toi, et sans te laisser attendrir, conduis hors du paradis le couple pécheur ; éloigne les profanes d'une région sacrée ; prononce-leur l'arrêt d'un bannissement perpétuel pour eux et pour leur postérité : mais comme ils pourraient succomber au désespoir, traite-les avec douceur ; car je vois qu'ils sont touchés, et qu'ils pleurent leur faute. Révèle à Adam ce qui arrivera dans la suite des temps, selon que je t'inspirerai ; présente lui pour consolation mon alliance renouvelée

dans la race de la femme : tempère ainsi
leurs regrets sur la perte de l'heureux séjour dont tu les feras sortir : tu posteras un
corps de chérubins à l'orient du jardin, du
côté que se trouve le degré; tu y placeras
l'épée étincelante pour effrayer tout auda-
cieux qui voudrait entrer dans ce lieu de
volupté, et s'approcher de l'arbre de vie ; autrement le paradis deviendrait le repaire des
esprits impurs, et ils ne manqueraient pas
d'en dépouiller encore les fruits, pour séduire
l'homme crédule et fragile.

Il cessa, l'archange se prépara pour une
prompte descente; une cohorte redoutable
de chérubins actifs le suivit : chacun avait
quatre faces, ainsi qu'un double Janus. Leurs
corps étaient parsemés d'yeux plus nombreux que ceux d'Argus : la flûte de Mer-
cure, ou le charme de sa baguette, endor-
mit ce berger; la vigilance des autres,
était assurée contre toute surprise.

Cependant Leucothée s'éveillant pour répandre la lumière agréable à toute la nature, embaumait la terre de fraîches rosées.
Après que nos premiers pères eurent im-
ploré la miséricorde de l'Eternel, ils sentirent en eux une force qui leur était venue
d'en haut; un nouveau rayon d'espérance,
et des mouvements de   , mais d'une joie
encore mêlée de crainte. Adam s'adressant à
sa compagne lui dit :

Eve, nous pouvons aisément concevoir que
tout le bien dont nous jouissons descend du
ciel; mais que nos paroles montent là-haut,
et soient capables d'occuper l'esprit de Dieu
souverainement heureux, ou de toucher sa
volonté, cela semble difficile à croire; il faut
cependant que la prière ou les faibles soupirs que poussent les humains, parviennent
jusqu'au trône de l'Eternel. Depuis que j'ai

cherché à calmer sa colère, depuis que je me
suis prosterné, et que mon cœur s'est humi-
lié devant le Seigneur, il me semble que je
le vois apaisé, attendri, prêt à m'exaucer.
Je me persuade même qu'il m'a écouté favo-
rablement : la paix est entrée dans mon
âme, et sa promesse me revient en mémoire :
ta race écrasera notre ennemi. Cette promesse que nous avions perdue de vue, en
nous livrant au désespoir, m'assure que
l'amertume de la mort est passée, et que
nous vivons. Ainsi je te salue, Eve, appelée
à juste titre mère du genre humain. Mère de
tous les vivants puisque l'homme pour qui
vivent toutes les créatures sortira de ton
sein. Ce titre, lui répondit Eve, d'un ton
plein de douceur et de tristesse, ce titre me
convient mal après mon crime. J'étais faite
pour être ton aide, je t'ai entraîné dans le
précipice : le reproche, la méfiance et le
blâme devraient être mon unique partage ;
mais mon Juge est infini en miséricorde.
Après que j'ai introduit la mort ici-bas, il
me laisse la consolation de devenir la source
de la vie. Avec quelle bonté ne me traites-tu
point aussi ? Comment peux-tu te résoudre
à me donner ce titre honorable, malgré les
noms odieux que je mérite ? Cependant la
campagne nous appelle rigoureusement au
travail, quoique la nuit ne nous ait point donné
le repos ordinaire. L'aurore peu touchée de
notre insomnie, entre en souriant dans sa
carrière semée de roses : marchons, je ne
m'écarterai plus désormais de ton côté, en
quelque endroit que l'ouvrage nous conduise
dans le courant de la journée. Je sais qu'à
présent nos occupations doivent être accom-
pagnées de peine ; mais tant que nous de-
meurerons ici, que peut-il y avoir de pénible dans ces agréables promenades ? Le

changement de notre état n'empêche point
que nous ne puissions vivre contents.

Eve remplie de sentiments d'humilité,
forma ces souhaits ; mais le destin n'y sous-
crivit pas. Il parut des signes dans toute la
nature, les oiseaux et les animaux, l'air
même annonça un changement fatal. Le ciel
s'obscurcit tout d'un coup après la courte
rougeur du matin : elle aperçut en même
temps l'oiseau de Jupiter : il fondait du haut
des airs, et poursuivait deux oiseaux du
plus riche plumage ; et du haut de la montagne le lion, monarque des bois, entreprit
le plus noble couple de toute la forêt, le cerf
et la biche ; ils prirent la fuite droit à l'o-
rient vers la porte du jardin. Adam observa
le chemin qu'ils tenaient ; il en tira un triste
présage.

Chère épouse, lui dit-il, nous sommes menacés de quelque grand événement. Le ciel
nous marque par ces signes muets, avant-
coureurs de ses décrets, que notre fortune
est sur le point d'être renversée. Peut-être
veut-il nous avertir que nous nous abusons,
si nous comptons sur l'impunité de notre
crime, parce que notre mort à été suspendue,
et que nous avons un délai pour quelques
jours. Qui sait combien il durera, et quelle
sera cependant notre vie ? Ou que savons-
nous de plus, sinon que nous sommes poudre, et que nous retournerons en poudre, et
que nous ne serons plus ? Autrement pourquoi d'un même côté, à la même heure, nos
yeux auraient-ils été frappés de cette double
fuite dans l'air et sur la terre ? Pourquoi la
nuit vient-elle de l'orient, avant que le jour
soit à la moitié de sa course ? Et pourquoi
l'aurore se lève-t-elle pour la seconde fois
dans cette nue à l'occident ? Vois comme ce
nuage efface l'azur du firmament par sa

blancheur éblouissante, et comme il descend avec une lenteur majestueuse : sans doute il contient quelque chose de divin.

Il ne se trompait pas, les célestes légions sortirent de cette nuée, ainsi que d'un firmament de jaspe ; elles descendirent dans le paradis, et firent halte sur le sommet de la montagne.

Avec quel plaisir Adam n'aurait-il point observé cette glorieuse apparition, si la méfiance et la crainte charnelle n'eussent en ce jour obscurci ses yeux.

La vision de Jacob n'eut rien de plus auguste, quand les anges vinrent à sa rencontre en Manahim, où la campagne couverte de pavillons et d'éclatantes cohortes s'offrit à ses regards ; elle ne cédait point non plus à celle qui parut sur le mont flamboyant de Dothan, lorsque le serviteur d'Elysée vit un camp de feu prêt à dévorer le roi Syrien, qui pour surprendre un seul homme avait mis une armée en campagne, et commencé comme un brigand la guerre sans la dénoncer.

Le prince des hiérarchies lumineuses posta ses puissances, et les avertit d'être prêtes à se mettre en possession du jardin. Pour lui, il marcha tout seul vers l'ombrage où notre premier père s'était retiré. Adam le vit venir, et il tint à Eve ce discours, pendant que le divin messager s'approchait :

Eve, prépare-toi à de grandes nouvelles : peut-être vont-elles décider de notre sort, ou nous imposer de nouvelles lois. De ce nuage suspendu au-dessus de la montagne, je vois arriver quelqu'un de l'armée céleste. A juger de lui par son port et par la noblesse de sa démarche, ce ne peut être un des esprits inférieurs, c'est quelque grand potentat, l'un des trônes du ciel ; son apparence majestueuse et sublime n'est point si terrible, qu'il me faille trembler ; mais il n'a point non plus cet air doux et sociable de Raphaël ; je ne dois point avoir une entière assurance : prenons garde de l'offenser. J'irai respectueusement à sa rencontre : ton devoir est de te retirer.

Il finit : l'archange arriva, non dans sa taille céleste, mais sous la figure de l'homme. Sur ses armes luisantes flottait un habillement militaire de pourpre, plus vive que celle de Mélibée, ou que la teinture de Sarra portée par les rois, et par les héros anciens dans les jours de réjouissance. Iris en avait teint la trame. A travers l'ouverture de son casque étincelant, on entrevoyait son visage glorieux dans la fleur de la virilité, à l'âge que finit la jeunesse. Son épée, terreur de Satan, pendait à son côté comme dans un zodiaque brillant, et il tenait une lance à la main. Adam se prosterna : l'ange soutint la dignité de son caractère ; et sans s'incliner, il déclara ainsi le sujet de son arrivée.

Adam, les hauts messages du ciel n'ont pas besoin de détours ; qu'il te suffise que tes prières ont été écoutées. La mort que, suivant la menace, tu devais subir au moment de ta désobéissance, a été reculée pour un nombre de jours, ils t'ont été donnés de grâce, afin que tu aies le temps de te repentir, et d'expier ton crime par un nombre de bonnes œuvres : alors le Seigneur apaisé pourrait t'affranchir entièrement des droits que la mort a sur toi ; mais il ne te permet pas de demeurer dans ce paradis : je viens pour t'en éloigner, et pour te conduire hors du jardin, afin que tu laboures la terre d'où tu as été tiré : cet autre séjour est plus convenable pour toi.

Il s'arrêta. Adam, frappé de ces paroles

comme d'un coup de tonnerre, tombait en
défaillance, et la douleur suspendait l'usage
de tous ses sens. Eve, qui avait tout entendu
sans se faire voir, découvrit bientôt par ses
lamentations l'endroit où elle s'était cachée.

O coup imprévu, plus rude que la mort !
faut-il donc te quitter, Paradis charmant,
lieu divin, où nous avons reçu le jour ? Heureuses promenades, agréables ombrages, habitation propre pour des dieux, faut-il se séparer de vous ? J'espérais passer ici tranquillement, quoique dans la tristesse, le délai qui
nous a été accordé jusqu'au jour de notre
mort. Vous ne croîtrez jamais en d'autres
climats, belles fleurs que je visitais tous les
matins, que je retournais voir le soir, que
j'appuyais soigneusement de ma main dès
que vous commenciez à vous épanouir, et
que j'avais pris tant de plaisir à caractériser
par des noms convenables. Qui vous présen-
tera maintenant au soleil ? Qui rangera vos
diverses tribus ? Qui vous arrosera de la fontaine d'ambroisie ? Toi enfin, berceau nuptial, que j'avais orné de tout ce qui pouvait
réjouir la vue ou l'odorat, comment m'éloi-
gnerai-je de toi ? Où porterai-je mes pas, dans
un monde enterré, obscur et sauvage, au
prix de celui-ci ? Comment pourrons-nous
respirer dans un air moins pur ?. Comment
nous réduire à des aliments grossiers, nous
qui sommes accoutumés à des fruits immortels?

L'ange lui répliqua : Eve, ne te désespère
point, mais renonce patiemment à ce que tu
as justement perdu : il ne faut pas avoir
tant d'attache pour ce qui ne t'appartient
point en propre ; tu ne vas point seule, ton
mari part aussi bien que toi ; tu ne saurais te
dispenser de le suivre ; songe qu'en quelque
endroit qu'il demeure, là est ton pays natal.

Adam, revenu de son saisissement, adressa au grand archange ce discours plein de soumission :

Habitant du Ciel, comment te dois-je nommer ? Tu es un des Trônes ou le premier d'entre eux ; l'éclat qui t'accompagne annonce un prince élevé au-dessus des princes. Si nous vivons encore, nous en devons rendre grâce à la douceur avec laquelle tu nous as annoncé ton message : sa rigueur suffisait pour nous donner la mort. Il nous livre en proie au chagrin, à la tristesse, au désespoir ; nous allons être exclus de cette heureuse demeure, notre douce retraite, et la seule consolation qui pût nous rester ; toutes autres places nous paraîtront inhabitables et désolées, nous ne les connaissons point, et elles refuseront de nous connaître. Si, par une prière continue, je pouvais espérer de changer la volonté divine de celui qui peut tout, je ne cesserais point de le fatiguer par mes cris redoublés ; mais contre son décret absolu, les soupirs, les plaintes, les larmes, ne sont qu'un souffle léger dont le vent se joue ; ainsi, je me soumets à son ordre irrévocable. Ce qui m'afflige le plus, c'est que, partant d'ici, je serai loin de Dieu et privé de sa vue bien heureuse ; ici, j'aurais pu lui rendre mes adorations dans chaque endroit où il daigna m'accorder sa présence divine ; j'aurais dit à mes enfants : Sur ce mont il m'apparut, sous cet arbre il se rendit visible, parmi ces pins j'entendis sa voix, je conversai avec lui au bord de cette fontaine. J'aurais dressé, en reconnaissance, plusieurs autels de gazon et j'aurais amassé les pierres naturelles des ruisseaux pour servir de monument aux siècles futurs ; j'y aurais offert des parfums d'encens odoriférant, des fruits et des fleurs mais dans cet autre bas monde, où cherche-rai-je ses apparitions brillantes? Où trou-verai-je la trace de ses pas? Car, quoique j'essuie sa colère, maintenant qu'il me rap-pelle à la vie, qu'il prolonge mes jours et qu'il me console par l'espoir d'une postérité glorieuse, je me fais un plaisir d'envisager l'extrémité de sa gloire immense, j'adore de loin ses moindres vestiges.

Michel lui répondit, avec un regard favo-rable : Ne sais-tu pas, Adam, que la terre est à lui, aussi bien que le ciel? Ce mont n'est pas le seul endroit honoré de sa pré-sence. Son immensité remplit la terre, la mer et l'air. Toutes les créatures vivantes sont pleines de sa puissante vertu, qui les fo-mente et les conserve. Il a remis en tes mains l'empire du globe terrestre : tu dois en être content. Ne crois donc pas sa divi-nité resserrée dans ces bornes étroites du Paradis ou d'Eden. Si tu avais conservé ton innocence, cette montagne aurait peut-être été la capitale de ton empire; de là, toutes les générations se seraient répandues sur la terre, et peut-être tes arrière-petits-fils y seraient venus des quatre coins du monde, pour te révérer comme leur grand auteur; tu as perdu cette prééminence : tu es main-tenant réduit à demeurer dans le même ter-rain que tes fils. Cependant ne doute point que Dieu ne soit également dans les plaines et dans les vallées; plusieurs signes de sa présence t'y suivront : tu y seras toujours environné de sa bonté et de son amour pa-ternel; tu y verras sa face empreinte et la trace divine de ses pas; et, afin que tu puis-ses croire et que tu sois consolé avant ton départ, sache que je suis envoyé pour te montrer ce qui arrivera dans les jours à ve-nir. Prépare-toi à voir le bien et le mal, et la

grâce surnaturelle combattant avec la corruption de l'homme ; par là tu pourras apprendre à conserver la véritable patience, à
tempérer la joie par la crainte et par une
pieuse componction, et tu verras qu'il faut
t'accoutumer également à supporter avec
modération l'état de la prospérité comme
celui de l'adversité. Ainsi, tu adouciras tes
malheurs, et tu seras préparé à soutenir ton
passage mortel, quand le terme sera venu.
Monte sur cette éminence : qu'Eve (car j'ai
appesanti ses yeux) dorme ici-bas pendant
que tu veilles pour la vision : tu dormis autrefois pendant qu'elle fut formée à la vie.

Adam, pénétré de reconnaissance, lui répliqua : Monte, je te suivrai, divin guide,
partout où tu me conduiras. Je me soumets
au bras de Dieu, quelque pesant qu'il soit.
Je m'armerai de patience pour surmonter le
mal, et par une entière résignation, je tâcherai de moissonner le repos dans le travail.

Ainsi tous deux ils montèrent dans les visions de Dieu : c'était la plus haute montagne du Paradis : de son sommet on découvrait distinctement un hémisphère entier,
qui présentait une magnifique perspective.

Cet autre mont sur lequel, par un motif
bien différent, le Tentateur transporta, dans
le désert, notre second Adam, pour lui montrer les royaumes de la terre et leur gloire,
n'était ni plus haut, ni d'un aspect plus
étendu.

De là, les yeux d'Adam commandaient sur
tous les pays, occupés depuis par des villes
renommées. Il vit les provinces des plus
puissants empires, depuis les murs de Com-
belu, siège du khan de Cathay, et depuis
Samarcande, où fut le trône de Thémir, près
du fleuve Oxus, jusqu'à Pékin, capitale des

rois chinois, et de là à Agra et Lahor, du grand Mogol, en descendant vers la Chersonèse dorée.

Il reconnut la résidence du Persan, jadis Ecbatane, maintenant Ispahan; Moscou, soumis au czar de Russie, et Byzance, où règne le grand Seigneur issu du Turkestan.

Son œil put encore discerner l'empire de Negus et son port le plus éloigné, Erocco, aussi bien que les autres petits Etats maritimes, depuis Monbaza, Quiloa, Mélinde et Sofala, que l'on croit être Ophir, jusqu'au royaume d'Angola, vers le midi.

Ensuite, se portant du fleuve Niger au mont Atlas, il observa les royaumes d'Almanzor, Fez, Sus, Maroc, Alger et Tremizen. De là sa vue se tourna sur l'Europe et sur les pays du monde où Rome devait dominer. Il vit peut-être aussi, en esprit, le riche Mexique, siège de Montézuma, et Cusco, dans le Pérou, connu par les fécondes mines qu'y possédait le grand Ataballippa, et la Guyane encore entière, dont les enfants de Gérion appellent la grande cité Eldorado.

Mais, pour lui faciliter de plus nobles visions, Michel ôta des yeux d'Adam la taie dont le fruit séducteur avait offusqué sa vue, malgré les flatteuses promesses du serpent. Ensuite, il lui purgea le nerf optique avec l'euphraise et la rue, car il avait beaucoup de choses à voir, et il lui versa dans les yeux trois gouttes d'eau puisées dans les sources de vie.

La vertu de ce collyre perça jusqu'au siège le plus interne de la vue mentale : Adam, forcé de fermer les yeux, tomba, et ses esprits devinrent comme engourdis; mais l'ange le ranima en le touchant, et il rappela ainsi son attention :

Adam, regarde les effets que ton crime a

produits sur tes descendants. Quoiqu'ils
n'aient jamais touché à l'arbre défendu, quoiqu'ils n'aient point conspiré avec le serpent
ni commis ton péché, ce même péché a répandu sur eux toute la corruption qui doit
avoir des suites plus violentes.

Il ouvrit les yeux, et vit un champ dont
une partie était labourée et couverte de ja-
velles nouvellement coupées ; l'autre partie
était en pâturages et paraissait remplie de
moutons et de porcs. Un autel rustique de
gazon s'élevait au milieu, comme une borne.
Sur cet autel, un moissonneur, échauffé du
travail, apportait les prémices de son labou-
rage, les épis nouveaux et la javelle dorée,
telle que le hasard l'avait fait trouver sous
sa main.

Un berger, d'un extérieur plus doux, vint
ensuite pour offrir en sacrifice au Seigneur
les premiers nés et l'élite de ses troupeaux.
Il étendit, sur du bois qu'il avait coupé, les
entrailles et la graisse, et il mit par dessus
un lit d'encens, puis il fit toutes les cérémonies requises. Bientôt le feu propice du
Ciel descendit avec rapidité sur son offrande
et la consuma entièrement ; elle rendit une
odeur agréable. Le présent de l'autre ne fut
point regardé : il n'était pas sincère. Cette
distinction excita sa rage, et, suivant les
mouvements de sa colère, il lui porta contre
la poitrine un coup de pierre qui rompit le
fil de ses jours. Il tomba, et, frappé d'une
pâleur mortelle, il jeta par la bouche des
ruisseaux de sang et rendit l'âme en soupi-
rant. A cette vue, Adam fut saisi d'une extrême frayeur ; il poussa un grand cri, et dit
à l'ange :

Divin interprète, sans doute quelque grand
malheur est arrivé à cet homme pacifique,
qui avait offert un si digne sacrifice ; est-ce

ainsi que la piété et la dévotion sont récom. pensées?

Michel, pareillement touché, lui dit : Adam, ceux-ci sont deux frères qui doivent sortir de tes reins : l'injuste a trempé ses barbares mains dans le sang du juste. L'envie lui a fait sentir que le ciel avait agréé l'offrande de son frère; mais le coup sanguinaire sera vengé, et la foi de l'autre, approuvée, ne perdra point sa récompense, quoique tu le voies ici mourir, étendu sur la poussière et baigné dans son sang.

Hélas! dit notre premier père, quelle action et quel en est le motif? Je connais donc la mort. Est-ce en cette manière que je dois retourner à la poudre natale? O vue terrible! Si la mort est un objet qu'on ne peut envisager sans horreur, si l'idée seule en fait frémir, quelle sera la rigueur de ses coups?

Tu viens de voir, répliqua Michel, comment la mort fera sa première apparition à l'homme; mais la mort a plusieurs faces et plusieurs routes conduisent à sa triste caverne. Elles paraissent toutes effroyables; cependant l'entrée est ce qu'il y a de plus terrible pour les sens. Quelques-uns mourront d'un coup violent, par le feu, l'eau, la faim; il en mourra encore davantage par les excès de la bouche, qui amèneront sur terre de cruelles maladies. Leur troupe monstrueuse va passer en revue devant toi, afin que tu puisses connaître combien l'intempérance d'Eve va répandre de maux sur les hommes.

A l'instant, un lieu triste, infect et sombre, ainsi qu'une infirmerie, parut devant ses yeux : il y vit un nombre infini de mourants; toutes sortes de maladies : syncopes affreuses, douleurs aiguës, défaillances, fièvres de toute espèce, convulsions, épilepsies, catarrhes, pierre intestine et ulcères; les tranchées de la colique, la frénésie démoniaque, la noire mélancolie et la folie lunatique; la phtisie languissante, la consomption et la peste qui fait tant de ravages; hydropisies, asthmes et rhumes insupportables : l'agitation était cruelle, les soupirs lamentables. Le désespoir allait de lit en lit visiter les malades, et sur eux la mort triomphante secouait son dard; mais elle différait de frapper, quoiqu'ils l'invoquassent souvent comme leur plus grand bien et leur dernière espérance.

Quel cœur de rocher aurait pu longtemps soutenir d'un œil sec une vue si hideuse? Adam n'y put rester davantage : il pleura, quoiqu'il n'eût pas été conçu dans le sein d'une femme. La pitié l'attendrit et fit couler de ses yeux une source de larmes, jusqu'à ce que, des pensées plus fermes en modérant le cours, il recouvra enfin la parole.

Misérable genre humain, à quel point te trouves-tu dégradé? A quels maux es-tu destiné? Ce serait un bien pour toi de ne point voir le jour. Pourquoi la vie nous est-elle donnée pour nous être ainsi arrachée, ou plutôt pourquoi nous est-elle imposée? Si nous en savions le poids, nous refuserions de l'accepter ou nous ne demanderions qu'à nous en délivrer au plus tôt, heureux de nous voir renvoyés en paix. L'image de Dieu qui se trouve en nous, cette image autrefois si belle et si relevée, doit-elle être abaissée par des tortures inhumaines à des souffrances dont la seule vue fait horreur? Pourquoi l'homme, conservant toujours en partie la ressemblance divine, n'est-il pas affranchi de telles difformités? Pourquoi n'en est-il pas exempté, en considération de l'image de son créateur?

L'image du créateur, répondit Michel, les abandonne quand ils se rendent esclaves de leurs appétits déréglés et qu'ils se livrent au démon de la gourmandise, qui a été la principale cause du péché d'Eve. Les peines qu'ils souffrent défigurent donc leurs traits et non pas ceux de la divinité; ou si les traits de Dieu sont altérés en eux, lorsqu'ils excèdent les règles de la nature, ils ont ce qu'ils méritent, puisqu'ils n'ont pas révéré l'image de Dieu qui les animait.

Je me soumets, reprit Adam, et je sens qu'ils sont punis avec justice; mais outre ces passages pénibles, n'y a-t-il point d'autre porte pour arriver à la mort et pour nous rejoindre à la poudre d'où nous tirons notre origine?

Il en est une plus douce, dit Michel, si tu observes cette règle : rien de trop, et que tu conserves la tempérance dans le boire et dans le manger, cherchant seulement à satisfaire le besoin de la nature et non les fantaisies déréglées de la gourmandise. Si tu te conduis de la sorte, après plusieurs années révolues sur ta tête, tu viendras, comme un fruit mûr, à tomber de toi-même dans le sein de ta mère, et tu seras cueilli sans aucune violence. Ce chemin, qui te disposera insensiblement à la mort s'appelle la vieillesse, mais alors tu dois survivre à ta vigueur, à ta beauté. Tu changeras entièrement : ton visage se décharnera. La faiblesse s'emparera de tes membres, tes cheveux deviendront gris et tes sens émoussés; tout sentiment de plaisir t'abandonnera : au lieu de cet air de fraîcheur, d'embonpoint et de gaîté, une mélancolie languissante de froid et de sécheresse règnera dans ton sang, appesantira tes esprits et consumera enfin le baume de ta vie.

Désormais, repartit notre premier père, je ne fuis point la mort et je ne me soucie plus de prolonger mes jours; je ne songe qu'au moyen le plus doux et le plus facile de me délivrer de ces entraves corporelles qu'il me faut porter patiemment, jusqu'à ce qu'il plaise à la Providence de m'en affranchir.

N'aime point la vie, ne la hais point aussi, reprit Michel, songe seulement à bien vivre; le ciel décidera du temps que tu resteras sur la terre : mais prépare-toi pour une autre vision.

Il regarda, et vit une plaine remplie de tentes de diverses couleurs. Près de quelques-unes des troupeaux paissaient. L'on entendait à côté des autres le son mélodieux des instruments de la harpe et de l'orgue, et l'on voyait celui qui faisait mouvoir leurs cordes ou leurs touches. Ses doigts légers versés dans toutes les proportions volaient haut et bas, et poursuivaient, en courant d'un côté à l'autre une fugue sonore.

Dans un autre endroit paraissait un laborieux forgeron : il travaillait deux barres massives de fer et d'airain. Soit qu'un incendie fortuit, après avoir embrasé les bois d'une montagne ou d'une vallée, jusque dans le cœur de la terre, lui eût livré par l'ouverture de quelque cavité ces lingots tout fondus ; soit qu'un torrent déchaussant la terre qui les couvrait, eût produit un jour leur métal, il coula dans des moules préparés la matière liquide ; il en forma ses outils, et du reste il fit divers ouvrages qu'il façonna par le moyen du feu ou du ciseau.

Immédiatement après, Adam aperçut d'autres hommes, qui du haut des montagnes voisines où ils étaient établis, descendaient dans la plaine : à l'extérieur ils paraissaient justes, et entièrement appliqués à servir Dieu, à l'adorer et à étudier ses ouvrages qu'il a abandonnés à nos spéculations ; ils recherchaient aussi les moyens de maintenir la paix et la liberté.

Ils se promenèrent quelque temps dans la plaine, et bientôt une troupe de belles femmes en habits riches et galants sortit des tentes. Elles chantaient au son des harpes, et des chansons tendres et amoureuses, elles s'approchaient en dansant. Les hommes, quelques graves qu'ils fussent, les contemplèrent ; et se laissant emporter sans aucun frein à la concupiscence de leurs yeux, ils s'engagèrent bientôt dans les filets de l'amour, et conçurent de folles passions. Chacun prit celle qui l'avait charmé ; les voilà qui s'enivrent des désirs sensuels, jusqu'à ce que l'étoile du soir, favorable aux amants, parut sur l'hémisphère. Alors pleins d'ardeur, ils allumèrent la torche nuptiale, et ils invoquèrent l'hymen, appelé pour la première fois en ce jour aux cérémonies du mariage. Les tentes retentirent du bruit de leurs fêtes et de leur musique.

Une si agréable entrevue et une union si heureusement conclue entre l'amour et la jeunesse, les chansons, les guirlandes, les fleurs et les charmantes symphonies, engagèrent Adam à se livrer au plaisir, où le cœur de l'homme se porte facilement, et il découvrit ainsi ses sentiments intérieurs :

O toi qui as véritablement ouvert mes yeux, prince des anges, cette vision me semble plus favorable que les deux précédentes : elle promet des jours plus paisibles. Celles-là ne m'ont présenté que la haine, la mort ou des peines encore plus fâcheuses : ici la nature paraît accomplie dans toutes ses fins.

Ne juge pas des choses, reprit Michel, par le plaisir : quoiqu'il paraisse fait pour la nature, tu es venu au monde pour une plus noble fin : tu as été créé saint et pur à l'image divine. Ces tentes si charmantes que tu as vues, sont les tentes de la méchanceté : les enfants du meurtrier de son frère y demeureront. Occupés à perfectionner les arts qui polissent la vie, ils font admirer leur invention; mais ils oublient leur Créateur; et quoique son esprit leur ait donné toutes leurs connaissances, ils ne veulent point lui en rapporter la gloire. Ceux-ci mettront au monde une postérité véritablement ornée de beauté; mais ces femmes que tu viens de voir, semblables à des divinités, si douces, si gaies, si agréables, ont renoncé à la vertu et à la modestie, qui fait le plus grand mérite du sexe : elles se trouvent seulement formées et accomplies pour la débauche. Elles ont appris uniquement à chanter, à se parer et à tendre des filets dans l'arrangement de leurs paroles et de leurs regards. Pour elles, ces hommes sobres, qui par une vie religieuse avaient mérité le nom de Fils de Dieu, prostitueront ignominieusement leur vertu et leur renommée aux artifices de ces belles impies. Ils nagent dans la joie, ils vont être plongés dans la tristesse : et bientôt des torrents de larmes expieront leurs transports insensés.

Adam, privé de sa courte joie, lui répondit : Se peut-il que ceux qui étaient si bien entrés dans la carrière, se détournent pour marcher dans des voies indirectes ou succombent en chemin; mais je vois l'enchaînement de notre malheur; il vient toujours de la même source, et toujours il commence par les femmes.

Il commence, répliqua l'ange, par la mollesse de l'homme efféminé, qui devrait mieux garder le rang où l'élève la sagesse et les dons supérieurs qu'il a reçus du ciel; mais dispose-toi pour une autre scène.

Il regarda, et vit devant ses yeux une vaste campagne, des villes et des ouvrages de terre au devant, des cités peuplées avec des tours et des portes superbes; un concours d'hommes en armes, des visages furieux qui annonçaient la guerre, des géants puissants et hardis pour l'exécution. Quelques-uns éloignés hors des files, ou rangés en ordre de bataille, tant à pied qu'à cheval, font briller leurs armes; d'autres retiennent leur coursier écumant, et modèrent pour un temps son ardeur. D'un côté, un détachement choisi retournant d'un fourrage, ramène des vaches, des bœufs et des génisses que les cavaliers ont surpris dans les grasses prairies : d'autres enlèvent dans la plaine saccagée un troupeau riche de sa toison, des brebis et leurs agneaux bêlants. A peine les bergers peuvent-ils se sauver par la fuite. Les cris dont ils remplissent les airs, font prendre les armes aux habitants d'alentour; on en vient aux mains. Les escadrons se chargent avec fureur. Les champs où les bestiaux naguère paissaient tranquillement, se trouvent maintenant ensanglantés, déserts et jonchés d'armes et de cadavres. Là une armée investit une ville forte et l'attaque par batteries, par mines et par escalades. Les assiégés se défendent en jetant du haut de la muraille des dards, des javelots, des pierres et des torrents enflammés de soufre et de bitume. Des deux côtés, le carnage et des faits gigantesques.

D'une autre part, les hérauts, le sceptre en main, convoquent un conseil aux portes de la ville. Des vieillards graves et blanchis

par les années se mêlent avec les guerriers ;
les harangues sont entendues : mais bientôt
la faction met tout en désordre.

Un homme de moyen âge, remarquable
par son air sage, se leva : il parla beaucoup
de l'injustice, de la force, de la violence, de
l'équité, de la religion, de la vérité, de la
paix et des jugements d'en haut. Les jeunes
et les vieux ne respectèrent point ses sages
discours ; et ils auraient porté sur lui leurs
mains forcenées, si un nuage descendant
pour le rendre invisible, ne l'eût dérobé à
leur fureur. Ainsi la violence, la force et l'op-
pression régnèrent par toute la plaine, et il
n'y avait point de refuge.

Adam fondit en larmes, et pénétré de tristesse, il se tourna vers son guide : O qui
sont ces barbares qui s'égorgent si cruelle-
ment l'un l'autre ? Ce sont des ministres de
la mort, non des hommes. Ils multiplient
dix mille fois le péché de celui qui tua son
frère. De qui font-ils un tel massacre, si ce
n'est de leurs frères ? Mais quel est ce juste
que sa vertu aurait fait périr, si le ciel ne
l'eût délivré.

Ceux-ci, lui répondit Michel, sont les fruits
de ces mariages mal assortis que tu as vus ;
de ces mariages, où le bien et le mal, qui
d'eux-mêmes ont horreur de se joindre, furent imprudemment unis. Leur mélange a
formé ces productions monstrueuses de
corps et d'esprit. C'est de là que sont venus
ces géants renommés ; car dans ces jours la
force seule admirée, passera pour une vertu
héroïque ; on fera consister la gloire à gagner des batailles, à subjuguer les nations,
et à ériger des trophées de leurs dépouilles
sanglantes. Ceux qui se signaleront de la
sorte, seront appelés par honneur grands
conquérants, protecteurs des empires, dieux

et fils des dieux, tandis qu'il faudrait les nommer destructeurs et fléaux des humains. Voilà par quelle route on se fera de grands et de superbes noms sur la terre, et la renommée publiera ce qui mériterait d'être étouffé dans un silence éternel. Mais Dieu n'abandonne point ceux qui espèrent en lui. Il a protégé visiblement le septième d'après toi, qui dans un monde pervers était le seul juste, et qui se trouvait presque accablé sous les coups de ses ennemis, parce qu'il osait annoncer à ces impies la vérité dure et odieuse à leurs oreilles, que Dieu viendrait pour les juger avec ses saints; des coursiers ailés l'ont enlevé dans un nuage éclatant de lumière. Il ne payera point le tribut à la mort. Le Très-Haut l'en affranchit, et l'appelle pour cheminer glorieusement avec lui dans le salut et dans les climats de la béatitude. Tu as vu quelle récompense attendent les bons, vois quelle punition est réservée aux méchants.

Aussitôt il vit changer la face des choses. La guerre, avec sa gorge d'airain, avait cessé de rugir : tout avait été converti en plaisirs, en jeux, en excès, en festins et en danses par le mariage, la débauche, le rapt ou l'adultère, selon que de belles prostituées les attiraient; mais bientôt la dissension se mêla dans leurs réjouissances.

Enfin un vénérable vieillard vint parmi eux : il montra une grande aversion pour leur conduite et rendit hautement témoignage contre leurs débordements. Il fréquenta leurs assemblées, où il ne trouva que triomphes et que fêtes. Il leur prêcha la conversion et la pénitence : il leur fit entendre que Dieu allait exercer contre eux ses jugements; mais ses remontrances furent vaines.

Quand il eut reconnu que ses discours ne
trouvaient aucune entrée dans leurs cœurs,
il prit le parti du silence, et pleura en secret leurs égarements. Il éloigna ses tentes;
puis sur la montagne coupant de grosses pou-
tres, il se mit à construire un vaisseau pro-
digieux, dont toutes les dimensions, la lon-
gueur, la largeur et la hauteur contenaient
un nombre de coudées. Il l'enduisit de bitume, et il pratiqua une porte dans un des
côtés; ensuite il y fit un amas considérable
de provisions.

Tout à coup un spectacle étonnant se présenta; des animaux de chaque espèce, des
oiseaux, et jusqu'aux moindres insectes,
vinrent sept à sept en paires. Ils s'y placèrent conduits par un instinct surnaturel. Le
vieillard y entra le dernier avec ses trois
fils et leurs quatre femmes : Dieu scella lui-
même l'entrée du vaisseau.

Cependant le vent du midi s'éleva, et dé-
ployant ses ailes noires, rassembla les
nuages. A leur renfort, les montagnes en-
voyèrent en haut un amas d'épaisses vapeurs et d'exhalaisons humides. Les cieux
parurent une voûte obscure et noire; la
pluie impétueuse fondit, et continua jusqu'à
ce que la terre devînt invisible. Bientôt l'é-
difice flottant roula sur les eaux, et de sa
proue avancée en pointe lutta contre les
ondes. Les autres habitations furent entièrement submergées par le déluge : leur
pompe se trouva entraînée sous les flots. La
mer couvrit la terre, ses côtes disparurent;
et dans les palais où le luxe régnait peu auparavant, les monstres marins établirent leur
demeure.

Les débris du genre humain, naguère si
nombreux, voguaient embarqués dans un
frêle bâtiment. Quel fut alors ton chagrin,

Adam, quand tu vis la terre dépeuplée, et ta postérité finir d'une manière si triste? Un autre déluge, un deluge de larmes et de tristesse pensa te submerger comme tes enfants : l'ange te secourut, il te toucha; tu revins à la vie, quoique privé de tout espoir, comme un père qui pleure ses enfants qu'une mort violente à détruits tout à coup à ses yeux; et tu pus à peine proférer cette plainte :

O visions malheureuses, il aurait mieux valu pour moi vivre dans l'ignorance de l'avenir; je n'aurais essuyé les maux que successivement? Chaque jour en aurait fourni sa mesure. C'en était assez pour moi; mais par ma connaissance anticipée, tous les malheurs réservés aux siècles futurs fondent sur moi, et ma prévision leur donne une naissance prématurée pour me tourmenter, même avant qu'ils existent. Que personne désormais ne cherche à percer dans l'avenir; il n'y verra que des sujets d'affliction dont il ne pourra se parer, et le mal ne sera pas moins sensible pour lui dans l'appréhension que dans la réalité. Passons à d'autres objets, je vois bien que les avertissements ne nous sauvent point. Ce petit nombre d'hommes échappés au déluge, et errants sur ces plaines liquides, seront bientôt consumés par la faim et par la tristesse. J'espérais que tout prospérerait quand j'ai vu le doux règne des plaisirs succéder aux fureurs de la guerre, et je croyais que la paix produirait une longue suite de jours heureux. Quelle était mon erreur? La paix introduit la corruption, comme la guerre cause la désolation. Céleste guide, éclaircis-moi ce mystère, dis-moi si ce déluge est le dernier tombeau des hommes?

Michel lui répondit : Ces superbes que tu

as vus se signaler dans les combats et triompher dans l'opulence, remplissaient la terre de leur renommée, mais leur cœur était vide de toute vertu. Après s'être abreuvés de sang, après avoir ravagé le monde et subjugué les nations, après avoir acquis un nom, de hauts titres et des trésors immenses, ils s'abandonneront aux plaisirs, à la joie, à la mollesse, aux excès et à la débauche, jusqu'à ce que l'incontinence et l'orgueil les divisent entre eux et leur fassent prendre les armes. Les vaincus, en perdant leur liberté, perdront aussi la crainte de Dieu, qui, rejetant leur fausse piété, les a livrés en proie à leurs ennemis. Leur zèle se refroidira; ils deviendront mondains et dissolus, et ils ne songeront plus qu'à vivre tranquillement des biens dont leurs vainqueurs les laisseront jouir; car la terre prodiguera ses biens, afin que la tempérance soit éprouvée : ainsi tous dégénéreront, tous se dépraveront. La justice, la modération, la vérité et la foi seront abandonnées, excepté d'un seul homme, unique enfant de lumière dans un siècle de ténèbres; l'exemple et les insultes d'un monde ennemi déclaré de la vertu ne pourront rien sur lui; sans crainte du reproche, du mépris ou de la violence, il les reprendra de leurs méchantes voies, et il leur exposera combien les sentiers de la justice sont plus sûrs et plus doux. Enfin leur dénonçant la colère prête à fondre sur leur impénitence, il se retirera blâmé des hommes, mais considéré de Dieu, comme le seul juste vivant. Par son ordre, il construira, comme tu viens de voir, une arche merveilleuse pour se sauver avec sa famille du milieu d'un monde dévoué à une destruction universelle. Dès qu'il se sera placé dans l'arche et mis à couvert avec ce peu d'hommes et d'animaux

choisis pour la vie, les cataractes du ciel
s'ouvrant sur la terre, verseront la pluie
jour et nuit. Les réservoirs de l'abîme se
crèveront, et l'Océan surmontera ses bornes
jusqu'à ce que l'inondation s'élève au-dessus
des plus hautes montagnes. Alors le mont
sacré du Paradis cédant à la violence des
eaux, sera renversé ; sa verdure disparaîtra ;
les arbres entraînés par le courant des ondes seront engloutis, et ce jardin voluptueux
formera dans le fond des eaux une île salée
et aride qu'habiteront les orques et les ba-
leines; par là tu connaîtras que Dieu n'attribue point de sainteté à aucun lieu, si elle
n'y est portée par les hommes : mais maintenant regarde ce qui doit ensuite arriver.

Il tourna les yeux et vit l'arche élevée sur
les eaux qui commencèrent à s'abaisser: les
nuages se dissipèrent ; l'aquilon leur fit
prendre la fuite, et la sécheresse de son
souffle resserra peu à peu la face du déluge.
Aussitôt le soleil dévoilé jeta un œil ardent
sur la vaste étendue de son miroir aquatique, et but amplement des vagues humides;
ainsi les eaux marchant avec un mouvement
réglé comme celui du reflux, se dérobèrent
doucement et descendirent de plus en plus
vers l'abîme, après que ses écluses et les cataractes du ciel eussent été refermées. Enfin
l'arche cessant de flotter, sembla fixée sur le
sommet d'une montagne, et les pointes parurent ainsi que des rochers, d'où les ondes
furieuses, avec de rapides courants, se reti-
rèrent à grand bruit vers la mer.

A l'instant il vit voler hors de l'arche un
corbeau, et après lui un messager plus sûr,
une colombe qui avait déjà été envoyée pour
reconnaître si les arbres paraissaient, et si
l'on trouverait où mettre le pied sur la terre.
Elle revint pour la seconde fois, portant dans

son bec un rameau d'olivier, signe pacifique :
alors la terre sèche parut.

Le vénérable vieillard sortit de l'arche avec
toute sa suite ; puis levant dévotement en action de grâces les mains et les yeux vers le
ciel, il vit sur sa tête un nuage humide, et
dans le nuage un arc remarquable, orné
d'une écharpe de trois vives couleurs, pour
marquer la paix de Dieu et la nouvelle alliance. Adam fut consolé par cette vision, et
sa joie éclata en ces termes :

Céleste interprète, qui peux représenter les
choses futures comme présentes, cette dernière vision me ranime ; elle m'assure que
l'homme vivra aussi bien que toutes les créatures, et que le Seigneur conservera leur
race. Je suis moins affligé d'avoir vu détruire
un monde entier d'enfants criminels, que je
ne me réjouis de trouver un homme si parfait et si juste, que Dieu daigne en sa faveur
faire un autre monde et qu'il oublie sa colère. Mais dis-moi, que signifient ces bandes
colorées dans le ciel ? Nous représentent-elles
par leur extension les sourcils de Dieu
apaisé, ou sont-elles destinées comme une
bordure fleurie à lier les extrémités fluides
de ce nuage, de peur qu'il ne se fonde encore une fois en pluie, et qu'il n'inonde la
terre.

Tu as fort bien conjecturé, reprit l'archange ; le Très-Haut désarme sa colère,
quoiqu'il se fût repenti d'avoir fait l'homme
et qu'il fût fâché dans le fond du cœur, quand
jetant les yeux en bas, il vit la terre remplie
de violence, et que toute chair avait corrompu sa joie. Tu viens de voir exterminer
les méchants. Un homme juste est si agréable aux yeux de l'Eternel qu'il s'engage à ne
plus répandre sa malédiction sur le genre
humain. Il fait serment de ne plus détruire

la terre par le déluge et de ne point laisser
la mer franchir ses bornes, ni la pluie submerger le monde, les hommes ou les animaux; mais quand il amènera les nuages
sur la terre, il y placera son arc de trois
couleurs pour servir de témoignage et pour
rappeler le souvenir de son alliance. Le jour
et la nuit, le temps de la semence et de la
moisson, le froid et le chaud garderont entre
eux un ordre constant, jusqu'à ce que dans
le renouvellement de toutes choses, le feu
purifie le ciel et la terre où les justes habiteront.

FIN DU ONZIÈME LIVRE

LIVRE DOUZIÈME

ARGUMENT

Michel expose, dans une narration, ce qui suit le Déluge. Abraham lui donne occasion d'expliquer quelle sera la race de la femme, suivant la promesse qui leur avait été faite dans le jugement prononcé par le Fils de Dieu, son incarnation, sa mort, sa résurrection, son ascension, l'état de l'Église jusqu'à son second avènement. Adam, consolé, remercie l'Archange, descend de la montagne avec Michel. Il éveille Ève, qui avait dormi pendant tout ce temps, mais dont l'esprit avait été calmé par des songes favorables. Michel les prend tous deux par la main et les conduit hors du Paradis. On voit l'épée de feu flamboyante derrière eux et les Chérubins placés dans le jardin pour en garder les avenues.

Semblable à un voyageur que les besoins de la nature obligent de se reposer sur le milieu du jour, quoiqu'il soit pressé par le temps, l'archange s'arrêta entre le monde détruit et le monde réparé. Il voulut donner à Adam le temps de se reconnaître ; ensuite il prit la parole et dit :

Tu as vu jusqu'ici un monde commencer, finir et renaître : je pourrais encore faire passer devant toi une foule d'événements ; mais j'aperçois que ta vue mortelle commence à se lasser : les sens ne sont point capables de soutenir longtemps les objets que le ciel leur présente : ainsi je te raconterai ce qui arrivera dans la suite des temps : écoute moi :

Tant que cette nouvelle souche aura peu de rejetons, et que la terreur des jugements de Dieu ne sera point dissipée, les mortels s'humilieront devant le Seigneur et se gou-

verneront suivant les lois de la justice et de
l'équité. Leur nombre se multipliera de jour
en jour; ils cultiveront la terre et ils feront
des récoltes abondantes de blé, de vin et
d'huile. Souvent du milieu de leurs troupeaux, on les verra tirer des génisses gràs-
ses, des agneaux et de tendres chevreaux
pour les offrir en sacrifice. Les effusions de
vin ne seront point épargnées aux saintes
fêtes qu'ils célébreront; leurs jours s'écoule-
ront dans une innocente joie; la paix régnera
parmi eux. Ils demeureront longtemps divi-
sés par familles et par tribus sous le gouvernement paternel, jusqu'à ce qu'il s'élève
un homme ambitieux et superbe, qui renver-
sant l'aimable égalité de l'état fraternel,
s'arrogera une injuste domination sur ses
frères. Il bannira la concorde et la tranquillité de la terre; il étouffera la voix de la nà-
ture, et renonçant à la chasse des animaux
pour persécuter les hommes, il emploiera la
force et la surprise contre ceux qui refuseront de se soumettre à son empire tyranni-
que. Le titre de puissant chasseur qu'il obtient devant le Seigneur, déclare que son autorité vient du ciel ou qu'il l'usurpe contre
la volonté du Très-Haut. Il traite les autres
de rebelles; mais il sera lui-même caracté-
risé par un nom dérivé de la rébellion. Cet
impie avec une troupe que rassemble l'ambition de régner avec lui ou sous lui, marchant de l'orient à l'occident, trouve une
plaine où l'enfer vomit à gros bouillons un
noir bitume sur la terre. Ce bitume leur sert
de ciment; ils y joignent des briques pour
construire une ville et une tour, dont la hauteur s'élévant jusqu'au ciel, puisse trans-
mettre leur nom à la postérité. Ils veulent
s'immortaliser avant que de se disperser dans
des terres étrangères, sans considérer que

la mémoire des pervers, ou meurt avec eux, ou ne laisse que des idées d'horreur. Mais Dieu, qui, tout invisible qu'il est, visite souvent les hommes, et se promène à travers leurs habitations pour observer leurs œuvres, les aperçoit. Il descend pour voir leur ville, avant que leur tour offusque les vues célestes, et par dérision il envoie parmi eux un esprit de discorde, qui confondant leur langage naturel, lui substitue un mélange bizarre de mots inconnus : aussitôt la dissension bruyante se mêle parmi les entrepreneurs, ils s'adressent la parole et ne s'entendent point; mais ils commencent par des cris, ils finissent par des coups. Les immortels regardèrent en pitié le tumulte et l'agitation de ces orgueilleux; ils se rirent de leurs vains projets; la mésintelligence les fit échouer; l'édifice fut abandonné, et l'ouvrage imparfait, monument éternel de la folie, prit le nom de confusion.

Les entrailles de père s'émurent dans Adam, et transporté d'une juste colère, il s'écria : Fils exécrable, peux-tu donc sans remords écraser tes frères et t'attribuer sur eux une autorité que tu n'as point reçue de l'Eternel? Il nous a donné l'empire absolu sur les animaux; mais il abhorre l'injuste oppresseur. Malgré cela, cet ambitieux est le fléau des humains; sa tour même outrage le Tout-Puissant et lui déclare la guerre. Chétif mortel! quelle nourriture portera-t-il au-dessus des nuées pour subsister avec son armée téméraire? L'air trop subtil déchirera ses poumons grossiers, et il périra faute de respiration, quand même il ne manquerait pas d'aliment.

Tu as justement en horreur, reprit Michel, ce fils qui trouble le repos de la terre, en s'efforçant d'asservir la liberté naturelle :

cependant sache que depuis la chute origi-
nelle, ta liberté n'est plus la même et que ta
raison est sensiblement affaiblie. Sitôt que
les hommes étouffent ou rejettent cette lumière intérieure, les désirs désordonnés et
les passions s'élevant en tumulte, prennent
l'ascendant sur la raison et la réduisent en
servitude; alors le Très-Haut, par un juste
jugement, soumet encore leurs membres
corporels à des maîtres violents, qui les res-
serrent dans un dur esclavage. Dieu hait la
tyrannie, mais elle est nécessaire. Les peuples se plongent quelquefois dans un débor-
dement si affreux, qu'une fatale et juste malédiction les dégrade de leur liberté extérieure après qu'ils ont renoncé à leur liberté
intérieure : témoin le fils insolent de celui
qui construisit l'arche : l'affront que cet indigne fils fait à celui qu'il devait le plus res-
pecter, condamne par la bouche paternelle
sa postérité vicieuse à être l'esclave même
des esclaves.

Ce dernier monde, ainsi que le premier, dé-
génère de jour en jour. Enfin, Dieu fatigué
de l'iniquité des hommes, les abandonne, et
détournant ses yeux saints, forme la résolution de les livrer à la dépravation de leurs
cœurs. Il choisit entre tous pour y placer
son culte, un peuple particulier, un peuple
descendu d'un homme fidèle, né dans le milieu de l'idolâtrie, sur les bords de l'Euphrate.
Croirais-tu que les mortels pendant la vie du
patriarche sauvé du déluge, fussent devenus
assez stupides pour abandonner le Dieu vivant, et pour adorer comme de vraies divinités leurs propres ouvrages, le bois et la
pierre?

Le Très-Haut parle dans une vision à ce
juste, dont il adopte les enfants : il lui ordonne de renoncer à la maison de son père,

à sa famille, à ses faux dieux, pour aller
dans une terre qu'il doit lui montrer; il sus-
citera de lui une nation puissante, et il ré-
pandra par lui ses bénédictions sur tous les
peuples du monde. A la voix de Dieu il obéit
sans hésiter, et quoiqu'il ne sache point
quelle est cette terre, il croit fermement. Je
vois, mais tu ne le saurais voir, avec quelle
foi il quitte ses dieux, ses amis et son pays
natal, Ur de Chaldée. Il passe maintenant le
gué à Haran, suivi d'une multitude de troupeaux, de bestiaux et d'esclaves nombreux.
Ce n'est pas le besoin qui lui fait entreprendre ce voyage : il remet ses biens entre les
mains de la Providence, qui l'a appelé dans
une terre inconnue. Le voilà qui entre en
Chanaan. Je vois ses tentes plantées aux
environs de Sichem, dans la plaine voisine
de Moreh : il y découvre, dans une vision,
l'ange du Tout-Puissant qui promet à sa postérité toute cette terre, depuis Hamath, au
Nord, jusqu'au désert, vers le Midi (j'appelle
les choses par le nom qu'elles auront un jour)
et depuis Hermon au levant, jusqu'à la
grande mer de l'Occident. Regarde bien, voilà
le mont Hermon : voici la mer; sur la côte
est le mont Carmel : ici le fleuve du Jourdain,
qui tire ses eaux d'une double fontaine, et
dont le cours servira de limites vers l'Orient.
Ses enfants s'étendront jusques en Senir,
c'est cette longue chaîne de montagnes. Pe-
sez bien ceci; les nations de la terre seront
bénies en sa race. Cette race signifie ton
grand libérateur, dont tu auras bientôt une
révélation plus claire, celui qui écrasera la
tête du serpent. Ce bienheureux patriarche,
qui dans la suite du temps sera nommé le
fidèle Abraham, laisse un fils, et de son fils
un petit fils, tous deux héritiers de sa foi, de
sa sagesse et de sa renommée. Le petit-fils

avec douze enfants, part de Chanaan pour
une terre qui prendra le nom d'Egypte, et
qui sera divisée par le fleuve du Nil. Vois de
quel côté il coule, se dégorgeant par sept
bouches dans la mer. En un temps de fa-
mine il vient pour séjourner dans cette terre,
où il est invité par un de ses plus jeunes
enfants, un fils que ses dignes actions ont
élevé dans cet empire au degré le plus haut,
où puisse aspirer un heureux sujet. C'est là
que meurt le saint vieillard. Sa famille de-
vient un peuple et cause de l'ombrage à un
nouveau roi. Ce monarque les considère
comme des hôtes dangereux par leur nombre, et suivant les conseils d'une cruelle politique, il se propose d''arrêter leur multipli-
cation : il leur impose un dur joug, et prononce un arrêt de mort contre tous leurs
enfants mâles. Enfin sous la conduite de
deux frères, que l'Eternel envoie pour retirer
son peuple de l'esclavage (ces deux frères
s'appellent Moïse et Aaron), ils retournent
couverts de gloire et chargés de dépouilles, à
la terre qui leur avait été promise; mais auparavant il faudra que le parjure tyran, qui
prétend ne point connaître leur Dieu, et qui
ne veut point avoir d'égard à son message,
soit forcé par des signes et par des jugements
terribles; il faudra que les rivières soient
changées en sang, qui n'aura point été répandu; il faudra que les grenouilles, la ver-
mine et les mouches inondent ses royaumes
et son palais et que la mortalité frappe ses
bestiaux. Des pustules et des ulcères sillon-
neront toute la chair de son corps et celle de
son peuple. Le tonnerre joint à la grêle et la
grêle mêlée de feu, désoleront le Ciel de l'E-
gypte et ravageront la terre. Un nuage épais
de sauterelles descendra en essaims nombreux; elles dévoreront tout ce qui se trou-

vera sur leur passage, et rongeant les herbes, les fruits et les blés échappés à la grêle,
elles ne laisseront aucune verdure. Des ténèbres palpables par leur épaisseur, couvri-
ront ses Etats d'un bout à l'autre, et étein-
dront la lumière pendant trois jours : ensuite les premiers nés d'Egypte seront égor-
gés d'un même coup vers la moitié de la nuit.
Frappé de dix plaies, le dragon des fleuves
se soumet : il consent à laisser partir ses
hôtes ; mais son cœur se rendurcit aussitôt,
ainsi que la glace après un faux dégel. Il re-
tracte sa parole, et poursuit ceux dont il venait de jurer la liberté. Il s'avance pour périr
dans les flots, tandis que le peuple chéri
passe à pied sec entre l'onde qui se retire
des deux parts, et forme comme un mur de
cristal. Docile à la verge de Moïse, elle reste
divisée, jusqu'à ce que ceux qu'il délivre aient
gagné le rivage. Tel est le pouvoir merveilleux que l'Eternel remet à son prophète.
Mais Dieu ne se repose point sur l'homme
du salut de son peuple ; il est lui-même le
conducteur de ses enfants, et toujours présent dans la personne de son ange ; il marche
devant eux de jour dans un nuage et de nuit
dans une colonne de feu : il leur trace le
chemin et il sert de barrière entre eux et
leurs ennemis, pendant qu'un roi endurci
marche sur leurs pas. Le prince furieux les
poursuit toute la nuit ; mais les ténèbres venant à la traverse, l'empêchent de s'approcher. Il attend que l'aurore paraisse. Le jour
vient : le Tout-Puissant se produit à travers
le nuage, et la colonne de feu : il regarde
l'armée impie, la met en désordre, et brise
les roues de ses chariots. Par son ordre,
Moïse étend encore sa puissante verge ; la
mer obéit ; les vagues retournent sur les ba-
taillons de l'Egypte et submergent leurs

troupes guerrières. Cependant l'Israélite
sauvé des mains de ses ennemis, s'avance
du rivage vers Chanaan, par le désert aride.
Il n'a point pris le plus court chemin, de
peur que la guerre ne l'épouvantât, s'il fût
entré sans expérience sur les terres du Cha-
nanéen alarmé, et que la crainte le ramenant
en Egypte ne lui fît préférer aux fatigues de
la guerre une vie ignominieuse dans la servitude; car la vie plaît aux braves et aux
lâches, avant que par une cruelle habitude
ils aient pris du goût pour les armes. Leur
long séjour dans le vaste désert leur produit
encore un bien : ils y fondent le plan de leur
gouvernement, et ils y choisissent par les
douze tribus leur grand Sénat, pour gouver-
ner suivant les règles que Dieu leur prescrit
lui-même sur le mont de Sina. Le sommet
nébuleux de cette montagne s'ébranle au
moment que l'Eternel descend dans le tonnerre à la lueur des éclairs et au son éclatant
des trompettes, pour leur donner des lois.
Les unes règlent la justice civile, les autres
établissent la forme des sacrifices. Il les dispose par des figures et par des types, à la
connaissance de celui qui doit écraser le
serpent, et consommer la délivrance du
genre humain. Mais la voix du Seigneur est
terrible aux oreilles des mortels : ils le prient
de permettre que Moïse leur rapporte sa volonté, et de faire cesser la terreur. Le Très-
Haut leur accorde ce qu'ils demandent; il
leur apprend par là que l'on ne peut avoir
d'accès auprès de lui, sans un médiateur;
Moïse en représente le caractère; mais il
doit en introduire un plus grand : il prédira
sa venue, et tous les prophètes chanteront
en leur temps le jour du Messie. La bonté
de Dieu ne se borna pas à établir leurs lois
et leurs cérémonies : il se plaît tellement

parmi les hommes qui obéissent à sa volonté, qu'il daigne placer entre eux son tabernacle, et le Très-Saint veut bien demeurer avec les mortels. Suivant ce qu'il ordonne, ils fabriquent un sanctuaire de cèdre
revêtu d'or, pour y mettre une arche; et
dans l'arche ils déposent le témoignage et
les titres de son alliance. Par-dessus tous
ils élèvent en or un trône de miséricorde entre les ailes de deux chérubins. Sept lampes,
en forme de zodiaque, représentant les feux
célestes, brillent devant ce trône, un nuage
pendant le jour, et un sillon de feu pendant
la nuit demeurent sur la tente, excepté lorsqu'ils sont en marche. Enfin conduits par
son ange, ils arrivent à la terre promise à
Abraham et à sa postérité. Je ne finirais
point, si je voulais te raconter toutes les batailles livrées, les noms des rois détruits et
des royaumes conquis, ou comment le soleil, au milieu des cieux, s'arrêtera un jour
entier, et reculera l'arrivée de la nuit à cet
ordre émané de la bouche d'un homme. Soleil, arrête-toi en Gabaon, et toi, Lune, dans
la vallée d'Ajalon, jusqu'à ce qu'Israël rem-
porte une entière victoire. Le fils d'Isaac, enfant d'Abraham, s'appellera de la sorte, et
son nom passera à la postérité, qui s'établira
en Chanaan.

Adam prit ici la parole : Divin envoyé, qui
viens dissiper mes ténèbres, combien m'as-
tu révélé de choses agréables, et surtout
celles qui concernent le juste Abraham et
sa postérité? Mes yeux commencent à s'ouvrir; mon cœur, auparavant inquiet de mon
sort et de celui du genre humain, se sent
infiniment soulagé. Je vois maintenant le
jour de celui en qui toutes les nations seront
bénies, tout indigne que je suis de cette faveur, après avoir cherché par des voies dé-

fendues une connaissance qui m'était inter-
dite. Cependant je ne conçois point encore
pourquoi l'on donne tant de lois différentes
à ceux parmi lesquels Dieu daignera demeurer sur la terre ; ce grand nombre de lois
prouve une furieuse inclination pour le mal.
Comment le Seigneur pourra-t-il leur accorder sa présence ?

Ne doute pas, reprit Michel, que le péché
ne règne parmi eux ; ils sont tes descendants. La loi ne leur a été donnée que pour
leur faire sentir leur perversité naturelle,
qui excitera sans cesse le péché à combattre
contre la loi. Ainsi, voyant que la loi peut
bien donner la connaissance du péché, mais
qu'elle ne saurait lui opposer que des expia-
tions faibles et figuratives, le sang des tau-
reaux et des boucs, ils concluront d'eux-
mêmes qu'un sang plus précieux doit satisfaire pour l'homme, le juste pour l'injuste.
Ce sera par le moyen de cette justice étran-
gère, qui leur sera rendue propre par une
foi vive accompagnée d'œuvres saintes, qu'ils
trouveront leur justification devant Dieu, et
la paix intérieure de la conscience, que
toutes les cérémonies de la loi ne sauraient
apaiser : l'homme aussi ne pourrait pas de
lui-même en accomplir les maximes ; et ne
les accomplissant pas, il ne saurait avoir
de part à la vie. L'insuffisance de la loi est
donc sensible : son objet unique est de préparer les nations à entrer un jour dans une
plus glorieuse alliance, à passer des types
figuratifs à la vérité, de la chair à l'esprit,
de l'imposition des lois étroites à une libre
acceptation de grâces abondantes, de la
crainte servile à la filiale, des œuvres de la
loi aux œuvres de la foi. Moïse est particu-
lièrement chéri de Dieu : mais il n'est que le
ministre de la loi. Il ne conduira point son

peuple en Chanaan, ce sera Josué que les Gentils appellent Jésus. Cet homme portant le nom, et remplissant l'office de celui qui doit écraser le serpent, et ramener en triomphe au séjour éternel du repos, l'homme longtemps égaré dans le désert du monde, les introduira dans la terrestre Chanaan, où ils demeureront longtemps en paix : ils y vivront heureusement, jusqu'à ce que les péchés de la nation, interrompant le cours de leurs prospérités, provoquent Dieu à leur susciter des ennemis. Cependant toutes les fois qu'ils se repentiront, il les sauvera de leurs mains, d'abord par des Juges, ensuite sous des monarques. Le second de ces rois renommé tant par sa piété que par ses hauts faits, recevra une promesse irrévocable, que son trône durera pour jamais. Toutes les prophéties chanteront pareillement que de la souche royale de David (tel est le nom de ce roi) il sortira un fils : ce fils est ce rejeton qui t'a été prédit, qu'Abraham a entrevu; ce sauveur, l'espoir des nations, annoncé aux rois, et le dernier des rois; car son règne n'aura point de fin; mais auparavant il y aura une longue suite de souverains. Le fils qui succède à ce roi si pieux, sera célébré dans tout le monde par son opulence et par sa sagesse : il placera dans un temple superbe l'arche nébuleuse de Dieu, retirée jusque-là sous un tabernacle errant. Ceux qui le suivent, seront représentés dans les chroniques, les uns bons, les autres méchants. La plus longue liste est des méchants. Leurs infâmes idolâtries, et leurs prévarications accumulées sur celles du peuple, enflamment la colère du Tout-Puissant. Il s'éloigne d'eux; il abandonne leur terre et leur ville, son temple, sa sainte arche, avec tous ses vases sacrés comme des objets de mépris; et il les livre en proie à cette ville superbe, dont les hautes murailles sont restées dans la confusion, et qui de là a pris le nom de Babylone. Il les y laisse dans la captivité l'espace de soixante-dix ans; puis se ressouvenant de sa miséricorde et de l'alliance qu'il a jurée à David, et qui est stable comme les jours du ciel, il les ramène dans la cité sainte. A leur retour de Babylone, sous le plaisir des rois leur maîtres, que Dieu dispose en leur faveur, ils relèvent la maison du Seigneur. La modération met pendant quelque temps un frein à leurs désirs; mais leur multitude et les richesses venant à s'augmenter, forment entre eux diverses factions. C'est dans le temple qu'on voit d'abord naître la dissension au milieu des prêtres et des ministres de l'autel, dont la paix devait être le précieux ouvrage. Leurs divisions introduisent l'abomination jusque dans le lieu saint. Enfin, sans avoir d'égard pour le fils de David, ils se saisissent de la couronne : le sceptre sort de leurs mains et passe dans celles d'un étranger, afin que le véritable Oint de Dieu, le Messie, naisse dans l'abjection. A son avènement, une étoile que l'on n'avait jamais vue dans le ciel, annonce sa venue et guide les sages d'Orient. Ils s'informent de l'endroit où il devait naître, et viennent lui offrir l'or, la myrrhe et l'encens. Un ange publie solennellement le lieu de sa naissance à de simples bergers qui veillaient pendant la nuit. Ils y courent avec joie, et ils entendent ses louanges chantées par les célestes chœurs. Une vierge est sa mère; mais son père est la vertu du Très-Haut. Il montera sur le trône héréditaire; son empire s'étendra jusqu'aux extrémités de la terre, et les bornes de sa gloire seront celles des cieux.

A ce récit, Adam fut saisi d'un saint transport. L'excès de sa joie faisait couler de ses yeux des larmes de tendresse : il en suspendit le cours, pour faire éclater en ces termes sa reconnaissance :

Agréable prophète, tu mets le comble à mon espérance : tu me dévoiles clairement le grand ouvrage de ma rédemption. Je te salue, vierge mère, la bien-aimée du Tout-Puissant. Tu viendras de mes reins, et le fils du Très-Haut sortira de tes entrailles. Ainsi Dieu s'unissant avec l'homme, le serpent ne saurait éviter d'avoir la tête brisée d'un coup mortel. Dans quel lieu, en quel temps sera leur combat; quelle plaie meurtrira le talon du vainqueur?

Ne te représente point, lui répliqua Michel, leur combat comme un duel. La tête et le talon ne sont que des figures. Ce n'est point pour combattre son ennemi avec plus d'avantage que le fils joint l'humanité à la divinité. Satan n'est pas ainsi surmonté. La blessure qu'il s'est faite en tombant du ciel, ne l'a point mis hors d'état de te donner le coup de la mort. C'est ce coup que ton Sauveur doit guérir, non en détruisant son ouvrage. Cette œuvre ne sera consommée que par une entière soumission à la volonté de Dieu, que tu n'as point respectée. Il faut que ton libérateur se mette en ta place : qu'il s'immole pour ton crime, et pour ceux que tes descendants commettront à ton exemple : ainsi la justice divine sera satisfaite. Il accomplira exactement la loi de Dieu par l'obéissance autant que par l'amour, quoique l'amour seul accomplisse parfaitement la loi. Il prendra une chair; et s'exposant à une vie honteuse et à une mort infâme, il souffrira pour toi une dure punition. Il annoncera la vie à tous ceux qui fonderont

leur espérance en sa rédemption et en sa
justice, et qui ne mettant de leur part aucun
obstacle, croiront que pour participer à la
gloire, leurs mérites ne suffiraient pas,
quand même ils satisferaient aux œuvres
légales, si les mérites de leur rédempteur
n'y donnaient le prix. Que le salut des hommes lui coûtera cher ! Il sera haï, blasphémé,
arrêté, jugé, condamné à une peine ignominieuse. Il sera cloué sur la croix par ceux
de sa propre nation et mis à mort pour donner la vie au monde : mais il attachera tes
ennemis à cette même croix : il effacera de
son sang le décret de ta condamnation et de
celle du genre humain. La loi, imparfaite
avant lui, sera parmi les dépouilles dont il
ornera le trophée de sa croix, et sa rigueur
ne nuira plus à ceux qui espéreront fermement en sa satisfaction. Il meurt donc, et
bientôt il ressuscite. La mort n'usurpera pas
un long empire sur lui. Avant que la troisième aube du jour retourne, l'étoile du matin le verra sortir du tombeau, brillant
comme l'aurore, après qu'il aura payé la
rançon qui rachète l'homme du trépas.

Ainsi il sauvera tous ceux qui ne néglige-
ront point la vie et qui embrasseront sa
grâce par la foi accompagnée d'œuvres. Cet
acte divin annule ta condamnation ; cet acte
brisera la tête de Satan et ruinera sa force en
détruisant le péché et la mort, ses deux plus
terribles suppôts. Par là, les propres dards
de ces deux monstres sont enfoncés dans la
tête de ton ennemi beaucoup plus profondément que la mort temporelle ne blesserait
le talon du vainqueur ou celui des prédes-
tinés. La mort qu'ils souffriront, semblable
au sommeil, ne sera qu'un doux passage à
une vie plus heureuse. Après sa résurrection, il ne restera sur la terre qu'un certain

temps, pour se montrer aux disciples qui le
suivirent toujours pendant sa vie. Il les
chargera d'enseigner aux nations ce qu'ils
ont appris de lui et de leur donner la connaissance du salut. Ils baptiseront dans l'eau
pure. Ce signe sacré lave les hommes de la
souillure du péché et les réconcilie avec
Dieu. Ils instruiront les nations ; car depuis
ce jour le salut sera prêché dans toute l'é-
tendue du monde, non seulement aux enfants des reins d'Abraham, mais aux enfants
de la foi d'Abraham ; c'est ainsi que les nations seront bénies en sa race ; il montera
au ciel des cieux triomphant par les airs, de
ses ennemis et des tiens. Dans ce vaste espace, il saisira le serpent, prince de l'air, et
le traînant chargé de chaînes à travers son
royaume, il le précipitera pour jamais. Ensuite, il entrera dans la gloire, et reprendra
sa place à la droite de Dieu, exalté au-dessus des noms les plus respectables du ciel.
De là, quand le temps fatal de la dissolution
du monde sera résolu, il viendra revêtu de
gloire et de puissance pour juger les vivants
et les morts, pour punir le mort infidèle,
mais pour récompenser les justes et pour les
recevoir dans la béatitude.

Le grand archange, parvenu à ce période
qui achève les destins du monde, s'arrêta, et
notre premier père s'écria dans une sainte
extase :

O bonté immense que tu es adorable ! Du
mal même, tu sais tirer les plus grands
biens. L'effort qui, au premier moment de
la création, tira la lumière du sein des
ténèbres, mérite moins d'être admiré. Je
doute maintenant si je dois m'attrister encore du péché que j'ai commis et occasionné ;
ma faute fait d'autant mieux éclater la
gloire de Dieu, sa bonne volonté pour

l'homme, et la grâce abonde sur la colère.
Mais, dis-moi, si notre libérateur s'en retourne au ciel, que deviendra le petit troupeau des fidèles qu'il aura laissé parmi la
foule des infidèles ennemis de la vérité?
Dans son absence, qui est-ce qui guidera
son peuple, qui le défendra? Ne traiteront-ils
pas plus durement ses serviteurs qu'ils-ne
l'ont traité?

Ils le feront certainement, dit l'ange; mais
du haut du ciel il enverra à ses disciples
un consolateur, la promesse de son père,
son esprit qui demeurera en eux. Il gra-
vera sur leur cœur la loi de foi qui opère
par l'amour, afin de les guider dans les
voies de la vérité et de les couvrir d'une ar-
mure spirituelle capable de résister aux at-
taques de Satan et d'amortir ses dards les
plus aigus. Avec ces secours, ils regarde-
ront la mort d'un œil tranquille. Ils brave-
ront les tourments que la rage des hommes
pourra inventer contre eux. Au fort des
supplices, ils seront soutenus par des consolations intérieures. Leur fermeté étonnera
leurs plus cruels persécuteurs. L'esprit, d'a-
bord répandu sur ses apôtres et ensuite sur
ceux qui seront baptisés, leur communi-
quera des dons surprenants, comme celui de
parler les langues et de faire les miracles
que leur Maître faisait avant eux. Ainsi ils
engageront un grand nombre d'hommes de
toutes nations à recevoir avec joie la céleste
doctrine. Enfin, ayant rempli leur ministère,
après avoir glorieusement fourni leur carrière et laissé par écrit leur doctrine et leurs
actes, ils s'endormiront dans le Seigneur;
mais à leur place, comme ils le prédisent,
s'élèveront de temps à autre pour pasteurs
des loups affamés qui feront servir les mys-
tères les plus sacrés à des vues sordides

d'intérêt et d'ambition. Ils infecteront de superstitions la vérité déposée dans les livres sacrés; ils ne chercheront qu'à se prévaloir des noms, des places et des titres, et qu'à introduire avec une main charnelle leurs nouveautés impies. De là s'élèveront de rudes persécutions contre ceux qui voudront persister à adorer en esprit et en vérité. Les autres, dont le nombre sera le plus grand, croiront satisfaire à la religion par des rites extérieurs et par des formalités spécieuses. La vérité, percée des traits de la calomnie, disparaîtra, la foi languira, et les actions des hommes ne seront plus animées de ce qui les peut vivifier. Ainsi le monde, contraire aux bons et favorable aux méchants, succombera sous le poids de l'iniquité jusqu'au temps où les justes respireront enfin, et où les méchants disparaîtront pour jamais. L'avènement de celui qui t'a été d'abord annoncé d'une manière obscure, mais que tu connais à présent pour ton sauveur et pour ton maître, amènera ce grand jour. C'est lui qui doit à la fin des temps se manifester dans les nues au milieu de la gloire paternelle. Il viendra mettre en poudre Satan avec son monde pervers, et il formera de la masse purifiée par le feu un nouveau ciel et une nouvelle terre. Les siècles qu'il ordonnera seront inébranlablement fondés sur la droiture, la paix et l'amour et porteront pour fruits la joie et la béatitude éternelle.

Il finit, et pour la dernière fois Adam répondit : Avec quelle promptitude, esprit bienheureux, ta prédiction n'a-t-elle point parcouru ce monde passager et la carrière où le temps vole jusqu'à ce qu'il vienne à se fixer? Ce qui se trouve au delà n'est qu'un grand abîme; c'est l'éternité dont nul œil ne peut voir le terme. Grâce à tes instructions,

mon désespoir s'est calmé, la paix renaît
dans mon cœur, et j'emporte avec moi autant de connaissances que ce vase d'argile
en peut contenir. Quelle était ma folie de les
vouloir étendre sans bornes; désormais, je
me contenterai de savoir que la meilleure
chose est d'obéir à Dieu, de l'aimer avec
crainte, de marcher sans cesse comme si
l'on était en sa présence, de tourner toujours les yeux vers sa Providence et de
placer en lui son espoir. Sa miséricorde s'é-
tend sur tous ses ouvrages, surmonte toujours le mal par le bien, et choisissant les
plus vils et les plus méprisables selon le
monde, il confond les puissants de la terre
par des instruments faibles en apparence, et
les sages mondains par les simples de cœur.
Je conçois aussi qu'il est plus glorieux de
souffrir pour la cause de la vérité que de
vaincre ses ennemis; et qu'aux fidèles la
mort est la porte de la vie. J'en suis convaincu par l'exemple de celui que je connais
aujourd'hui pour mon rédempteur, que je
veux glorifier sans cesse, et que je prends
pour principe de mes actions comme pour
terme unique de mon bonheur.

L'ange lui répondit aussi pour la dernière
fois : Si tu as bien appris ces vérités, tu es
parvenu au comble de la sagesse. N'espère
pas d'aller plus haut, quand même tu con-
naîtrais par leurs noms toutes les étoiles,
toutes les puissances célestes, tous les secrets de l'abîme et tout ce qui existe dans le
ciel, dans l'air, sur la terre ou dans la mer.
L'étendue de ce monde que tu possèdes sous
ton empire n'empêche pas que tu sois borné.
Ajoute seulement des œuvres qui répondent
à tes connaissances; ajoute la foi, ajoute la
vertu, la patience, la tempérance, ajoute l'a-
mour qui portera un jour le nom de charité;

ce sera l'âme de tout le reste. Tu ne seras point fâché de quitter ce séjour, tu posséderas en toi un paradis bien plus heureux. Mais descendons maintenant de ce sommet de spéculation, l'heure précise exige que nous partions : vois les gardes que j'ai campés sur ce mont, ils sont tout prêts à marcher. Regarde l'épée flamboyante; son mouvement terrible est le signal de la retraite, nous ne saurions rester plus longtemps. Va, éveille Eve; je l'ai aussi calmée par des songes consolants et j'ai disposé son esprit à la soumisson. Toi, dans un temps convenable, fais-lui part de ce que tu as entendu et surtout de ce qu'il importe à la foi de savoir. Explique-lui le grand mystère de la rédemption. C'est du sein de la femme que sortira le salut du genre humain. Méritez tous deux par la sainteté de votre vie qu'elle vous soit prolongée. Vivez unis dans une même foi; gémissez au souvenir de votre crime, mais réjouissez-vous en songeant a votre heureuse délivrance.

A ces mots, ils descendirent du haut de la montagne. Sitôt qu'ils furent arrivés en bas, Adam courut au berceau où Eve s'était endormie; il la trouva éveillée, et elle le reçut avec ces paroles qui marquèrent que sa tristesse était calmée.

Je sais d'où tu viens et où tu allas. Dieu conduit le sommeil, et les songes, quand il lui plaît, sont un langage divin : il m'en a envoyé de propices et de favorables, au moment qu'accablée de chagrin et d'affliction de cœur, je me suis assoupie. Mène-moi, je ne recule point; le paradis me suivra partout où tu seras. Si je restais ici sans toi, la beauté de ces jardins me toucherait peu ; tu me tiens lieu de tout. C'est pour l'amour de moi que tu as perdu ce séjour délicieux.

J'emporte encore cette consolation, quoique mon crime m'ait rendue indigne d'aucune grâce : le ciel me favorise à tel point que le Sauveur du monde sortira de mes entrailles.

Adam l'entendit avec plaisir, mais il ne répondit pas. L'archange le pressait et les chérubins, en ordre brillant, descendaient vers le poste qui leur était marqué. On les voyait couler sur la surface de la terre comme des météores. Ainsi le brouillard s'élevant d'un fleuve à la fin du jour s'avance sur les marécages et fait doubler le pas au laboureur qui regagne sa cabane. L'épée de l'Eternel marchait à leur tête. Telle une comète trace sa route par des flammes ; les feux qu'elle jetait allaient tout dévorer. L'ange, se hâtant, prit par la main nos premiers pères, dont la fuite aurait été trop lente. Il les conduisit à la porte du côté de l'Orient, et après les avoir remis dans la plaine au pied du rocher, il disparut. Ils tournèrent les yeux et virent la partie orientale du Paradis, naguère leur heureux domicile, couverte du cercle rapide de cette épée de feu. La porte, chargée de fronts redoutables et d'armes étincelantes, s'offrit à leurs regards. La nature leur fit verser quelques larmes, mais bientôt ils les essuyèrent. Le monde entier se présentait devant eux ; ils y pouvaient choisir un lieu pour s'établir, et la Providence était leur guide. Ils se donnèrent la main, et traversant la campagne d'Eden, ils s'avancèrent à pas lents dans un monde inconnu.

FIN DU DOUZIÈME ET DERNIER LIVRE

VIE DE MILTON

TIRÉE DE L'ANGLAIS

Jean Milton naquit en 1608. L'éditeur de ses ouvrages en prose, avance sa naissance de deux années ; mais comme il se contredit ensuite, je me suis rendu aux raisons qui ont engagé M. Baile à la rapprocher. Sa famille était originaire d'une ville de même nom dans la province d'Oxford.

Son père, nommé comme lui Jean Milton, exerça la profession de notaire, et fut déshérité fort jeune par ses père et mere, pour avoir abandonné la communion de l'Eglise romaine. Il eut de Sara Caston, sa femme, deux fils, Jean, dont nous écrivons la vie, Christophe qui suivit le barreau et une fille nommée Anne. Christophe demeura fidèle au roi ; et comme il se prêtait à toutes les maximes de la cour sur le spirituel et sur le temporel, il obtint, sous le règne de Jacques II, la place de juge des plaidoyers communs, qu'il exerça jusqu'à sa mort. Jean, qui est le sujet de ce discours, laissa voir, dès sa plus tendre enfance, un esprit au-dessus de son âge. Son père, observant en lui des dispositions si heureuses, résolut de ne rien épargner pour son éducation : il lui donna un maître, dont le pupille a célébré la capacité dans une excellente élégie latine.

Le jeune Milton joignit à une grande ouverture d'esprit l'amour du travail. Il passait sur les livres une grande partie de la nuit, et on ne le déterminait qu'avec peine à les quitter. Les longues lectures le rendirent non seulement sujet à de fréquents maux de

tête, mais elles affaiblirent encore sa vue et
lui en causèrent enfin la perte entière. Il
apprit les premiers principes dans la maison
paternelle et fit ses humanités au collège de
Saint-Paul, sous le docteur Gilles. Au bout
de quelque temps, on l'envoya à Cambridge,
au collège de Christ, où il se distingua dans
toutes sortes d'exercices académiques. Lorsqu'il eût été reçu maître-ès-arts, il sortit de
l'Université et retourna auprès de son père,
qui avait abandonné la ville pour s'établir à
Horton, près de Colebrooke, dans la province
de Berck.

Il y resta quelques années enfoncé dans la
retraite et continuant ses études avec succès. Sur ces entrefaites, sa mère mourut, et
il obtint de son père la permission de voya-
ger dans les pays étrangers. M. Henri Wot-
ton, prévôt du collège d'Eaton, lui donna par
écrit des avis sur la manière dont il devait
se conduire ; mais, faute d'en observer une
excellente maxime, il se vit dans un très
grand danger. Il pensa lui en coûter cher,
pour avoir voulu disputer sur la religion aux
portes du Vatican. Ayant employé environ
deux années en France et en Italie à satisfaire sa curiosité, il s'en retourna au bruit
de la guerre civile qui s'élevait dans sa pa-
trie. Il renonça à la Grèce et à la Sicile, qui
étaient entrées dans le plan de ses voyages.

Le lord vicomte Scudamore, ambassadeur
du roi Charles Ier à la cour de France, lui
donna la connaissance du fameux Grotius,
que la reine Christine de Suède avait aussi
honoré du caractère de son ambassadeur
dans la même cour.

A Rome, à Gênes, à Florence et dans d'autres villes d'Italie, il fit amitié avec les personnes les plus célèbres dans les sciences.
Plusieurs lui ont donné des témoignages

d'estime et d'amitié, qui sont imprimés à la tête de ses poèmes latins. Le premier de tous fut écrit par Manso, marquis de Villa, patron du Tasse, qui, par reconnaissance, a fait entrer, dans sa Jérusalem délivrée, le nom de son protecteur.

Il y a toute apparence que ce noble Napolitain lui fit le premier naître l'idée d'entreprendre un poème épique, et il paraît par quelques vers latins adressés au marquis sous le titre de Mansus, qu'il avait jeté les yeux sur le roi Artus; mais ce monarque était réservé à une autre destinée.

En arrivant chez lui, il trouva l'Angleterre remplie de sang et de désordre. On s'étonnera qu'un homme si bouillant et si hardi se soit abstenu de prendre les armes dans une crise si violente. Je suppose que l'extrême déférence qu'il avait pour son père l'empêcha d'écouter ses mouvements naturels. Le logement qu'on avait arrêté pour lui dans la ville était commode. Il y reçut les fils de sa sœur et quelques jeunes gentilshommes, et il se chargea de leur éducation. L'on dit qu'il les forma sur le plan qu'il a publié dans un traité dédié à son ami M. Hartlieb.

Il vécut ainsi en philosophe jusqu'à l'année 1643 qu'il épousa Marie Powell, fille de Richard Powell de Foresthil, dans la province d'Oxford. C'était un gentilhomme considérable par le bien et par le mérite. Ses sentiments étaient si opposés à ceux de son beau-fils, qu'il faut plutôt s'étonner de la conclusion de ce mariage, que de la rupture qui arriva peu après le premier mois.

Milton fit tout ce qu'il put pour engager sa femme à retourner avec lui. Voyant qu'il ne gagnait rien sur elle, il écrivit divers traités sur le divorce, et il s'engagea dans la recherche d'une jeune personne très belle et

très spirituelle; mais avant qu'il eût pu la
disposer au mariage, en entrant chez un de
ses amis, il rencontra sa femme qui se jeta
à ses pieds, lui demanda pardon et le pria de
la recevoir en grâce. Sans doute qu'une semblable entrevue, à laquelle il ne s'attendait
pas, le frappa extrêmement, et peut-être
l'impression qu'elle fit sur son esprit contri-
bua-t-elle à lui faire trouver ces termes vifs
et tendres dont Eve se sert pour fléchir
Adam. L'entremise de ses amis acheva de
l'apaiser : il se rendit après une courte résistance, et il sacrifia par générosité son
ressentiment aux larmes d'une épouse repen-
tante.

Cette réconciliation fut si sincère de sa part,
que bien loin de conserver le moindre levain
d'aigreur, il prit sous sa protection le père de
sa femme et toute sa famille enveloppée dans
la ruine du roi. pour avoir fidèlement soutenu ses intérêts : il ne les laissa manquer
de rien, et il les garda dans sa maison jusqu'à ce qu'il eût ménagé leur accommode-
ment avec le parti victorieux.

La considération qu'il s'était attirée par
divers ouvrages sur les affaires du temps,
lui donnait beaucoup de crédit dans l'Etat,
et de part au gouvernement.

On dissimulerait en vain, et je me garde-
rai bien de vouloir justifier son engagement
dans une ligue formée pour la destruction
de la monarchie; mais laissant à discuter
si sa religion ne fut point surprise, me sera-
t-il permis d'observer en sa faveur, que son
zèle, tout furieux et outré qu'il était, ne fut
jamais inspiré par des vues d'un intérêt particulier ? La preuve en est sensible; car quoiqu'il eût toujours vécu dans une grande retraite, et qu'avant sa mort il eût vendu sa
bibliothèque, dont la collection devait être

fort considérable, il ne laissa pour tout bien que quinze cent livres sterling. Tout homme qui fera attention aux postes qu'il a remplis et aux conjonctures des temps où il s'est trouvé en place, conviendra sans doute qu'il aurait pu amasser de plus grandes richesses. Enfin, quoiqu'il se soit trouvé dans le conseil des méchants, un juge impartial et sans passion conclura qu'il n'a jamais foulé aux pieds les dépouilles de son pays, et qu'il n'a point trahi sa conscience et son honneur pour s'enrichir.

On lui promit une commission d'adjudant général, pareille à celle du sieur Guillaume Waller, mais elle fut arrêtée par la cassation de Waller, lorsque ceux qui gouvernaient l'Etat eurent jugé à propos de faire un nouvel arrangement dans l'armée. La beauté de ses écrits l'avait mis si avant dans l'estime de Cromwell, que quand il prit en main les rênes du gouvernement, il lui donna le secrétariat du latin, tant pour sa personne, que pour le Parlement. Il posséda le premier de ces emplois sous l'usurpateur et son fils, et garda l'autre jusqu'au rétablissement du roi Charles II.

Il eut pendant quelque temps un appartement à Whitehall pour lui et pour sa famille; mais comme sa santé demandait un plus grand air, il quitta ce palais et se transporta dans une maison qui donnait sur le parc de Saint-James. Quelque temps après qu'il s'y fut établi, sa femme mourut en couche. Ce fut aussi dans le même temps qu'une goutte sereine, qui allait toujours en empirant depuis quelques années, le priva entièrement de la vue. Dans cette triste situation, il se laissa facilement déterminer à prendre une autre femme. Il épousa donc en secondes noces Catherine, fille du capitaine Woodcock de

Hackney. Après une année de mariage, il la perdit de la même manière que la première, et dans son vingt-troisième sonnet il en parle honorablement.

Le changement qui se préparait dans l'Etat lui rendit encore ses malheurs domestiques plus sensibles. Tout conspirait au rétablissement du roi, et cette nouvelle révolution ne pouvait lui être indifférente. Milton avait montré trop de chaleur pendant l'usurpation pour attendre aucune faveur de la cour. Il se cacha prudemment jusqu'à la publication de l'acte d'amnistie, par lequel on se contenta de le déclarer incapable de posséder aucun emploi dans la nation. Plusieurs grands, qui détestaient d'ailleurs ses principes, ne laissaient pas de l'estimer pour son érudition et pour ses rares talents : ils sollicitèrent en sa faveur, et l'on expédia ses lettres de pardon. Je souhaiterais que l'histoire eût mis dans tout son jour la grâce de cette abolition, pour conserver la mémoire du crime qui lui fut remis : *Ne tanti facinoris immanitas, aut extitisse, aut non vindicata fuisse videatur.*

Après qu'il eut obtenu une entière abolition, grâce plus considérable qu'il n'aurait pu raisonnablement espérer, il parut en public comme autrefois, et le docteur Paget s'entremit pour lui choisir une troisième compagne. Il épousa à sa recommandation Elisabeth, fille de M. Minshfull, gentilhomme de la province de Chester, dont il n'eut point d'enfant. Il avait eu de sa première femme trois filles qui vivaient pour lors. On dit que les deux aînées lui ont beaucoup servi dans ses ouvrages ; car ayant été instruites à prononcer non seulement les langues modernes, mais encore le grec et l'hébreu, elles lui lisaient dans les propres originaux les

auteurs qu'il avait besoin de consulter, quoiqu'elles n'entendissent que la langue de leur
pays. Ces occupations étaient fort désagréa-
bles pour elles ; aussi les en dispensa-t-il,
et il leur permit d'apprendre des choses
plus convenables à leur sexe et à leur goût.

Nous allons le considérer dans ce point de
vue où il sera toujours regardé avec autant
de plaisir que d'admiration. Il avait déjà
écrit une vingtaine d'années auparavant le
Masque de Comus, l'*Allegro il Penseroso* et
Lycidas : pièces d'une si grande beauté
qu'elles auraient suffi pour immortaliser son
nom, quand même il n'aurait point laissé
d'autre preuve de son grand génie ; mais ni
les infirmités de l'âge et du tempérament, ni
les vicissitudes de la fortune ne purent étouf-
fer la vigueur de son esprit, ni le détourner
d'entreprendre un poème épique, dessein
qu'il avait formé depuis longtemps.

Il avait d'abord choisi la chute de l'homme
pour sujet d'une tragédie, et il se proposait
de la faire suivant la forme des anciens.
Quelques-uns, avec assez de probabilités,
disent que la pièce commençait par le discours du quatrième livre, où Satan s'adresse
au soleil.

Je pourrais encore produire d'autres passages qui paraissent avoir été originairement
travaillés pour une pièce de théâtre. Quoiqu'il en soit, il est toujours certain qu'il ne
commença son poème épique qu'après avoir
fini ses disputes avec Saumaise et Moor,
quand il eut entièrement perdu l'usage de la
vue et qu'il fut obligé d'emprunter la main
du premier venu qui lui rendait visite.

Malgré ces difficultés, malgré plusieurs
chagrins qu'il eut à essuyer, il publia l'an
mil six cent soixante-neuf son *Paradis perdu*,
le plus beau poème que l'esprit humain ait

produit depuis Homère et Virgile. Je me contenterai de rapporter, à sa louange, que les plus grands esprits qui lui ont succédé se sont fait un mérite d'en sentir et d'en éclaircir les beautés. Il n'est peut-être pas hors de propos d'observer qu'entre tous ceux qui, par estime pour lui, se sont attachés à l'imiter, il ne s'en est trouvé aucun, du moins de ma connaissance, qui ait osé lui disputer le pas. L'ingénieux M. Phillips, qui a travaillé dans le goût de ce fameux modèle, se tient derrière lui avec un respect filial, et il a restreint son ambition, comme Lucrèce a fait à l'égard de celui dont il ne se regardait que comme disciple.

> Non ita certandit cupidus, quam propter amorem,
> Quod te imitari aveo : quid enim contendat hirundo
> Cycnis ?

On ne me croira point, quoique le fait soit très vrai, quand je dirai que Milton eut peine à trouver quinze livres sterling de son manuscrit; encore le payement d'une somme si modique ne devait-il se faire qu'après la vente de trois éditions nombreuses, tant il est vrai que le ressentiment contre la personne, quelque mérite qu'elle ait d'ailleurs, porte coup à ses ouvrages les plus achevés.

Deux années après qu'il eut donné au public le *Paradis perdu*, il mit au jour *Samson Agoniste*, tragédie digne du théâtre grec, quand Athènes était dans toute sa gloire, et il publia en même temps le *Paradis regagné*: mais quelle différence ! Cependant l'auteur préférait ce poème au *Paradis perdu*. Ce jugement est une preuve remarquable de la fragilité de la raison humaine, qui se laisse aisément surprendre. Il n'en faut pas davantage pour faire sentir combien les meilleurs écrivains doivent se défier des décisions qu'ils portent sur le mérite de leurs propres ouvrages.

Nous l'avons suivi pas à pas jusqu'à la soixante-sixième année de son âge, autant que la retraite et le peu de communication qui tiennent d'ordinaire les gens de lettres dans un jour assez sombre, nous l'a permis. Il nous reste à rendre compte de sa mort. Une violente attaque de goutte finit ses jours à Bunhil, proche de Londres. Son corps fut transporté dans cette ville. Il y est enterré dans le chœur de l'église de Saint-Gilles, située près de la porte nommée Cripplegate; mais il n'a point de monument pour perpétuer sa mémoire, aussi ne lui en faut-il point.

Il avait les cheveux châtains, les traits réguliers, le tour du visage bien pris, l'air agréable et animé. Son teint engagea le marquis de Villa à composer sur lui une épigramme à peu près semblable à une autre qui avait été faite plus de mille ans auparavant par saint Grégoire, pape, à la louange un jeune Anglais, avant qu'il fût converti la religion chrétienne. Sa taille, comme il us la décrit lui-même, était moyenne, s bien proportionnée. Il aimait l'exercice armes, et il joignait ensemble le courage l'adresse. Quant à son régime, il buvait u de vin, encore moins de liqueurs; il tait peu délicat sur le manger. Convaincu, par une triste expérience, que les études et les veilles de sa jeunesse avaient fort altéré sa santé, il prit l'habitude de se coucher à neuf heures du soir, et de se lever à cinq heures du matin. On rapporte, et il y a un assage dans une de ses élégies latines qui nfirme cette tradition, que son esprit proisait plus heureusement dans une saison que dans l'autre. Un de ses neveux raconte, comme une observation de Milton lui-même, que son imagination était dans la plus grande vivacité depuis le mois de septembre jusqu'à l'équinoxe du printemps. Les inégalités que l'on remarque dans ses ouvrages, sont des preuves incontestables qu'en certains temps il était un homme ordinaire. Quand la privation de la vue l'eut obligé de s'abstenir de ses premiers exercices, il fit faire une machine sur laquelle il se balançait, afin de se donner quelque mouvement, et il s'amusait dans sa chambre à jouer de l'orgue. Son port était assuré, ouvert, affable; sa conversation aisée, amusante, instructive; son esprit toujours présent et fécond sur toutes sortes de matières. Il se montrait plaisant, grave ou satirique, suivant que le sujet l'exigeait. Son jugement, dégagé des spéculations de religion et de politique, fut juste et pénétrant: sa conception vive, sa mémoire admirable; mais sa lecture n'était pas aussi étendue que son génie, car il était universel. Comme sa vue ne s'éteignit qu'après qu'il eut fait un très grand fond de science, peut-être les facultés de son âme acquirent-elles de nouvelles vigueurs par cet accident. Dès lors, son imagination, naturellement sublime et échauffée par la lecture des romans qu'il aimait passionnément dans sa jeunesse, fut retirée des objets matériels et se trouva plus en liberté de faire ces étonnantes excursions dans le monde idéal, quand dans la composition de ce divin ouvrage il fut obligé de s'élancer par delà la sphère du jour.

FIN DE LA VIE DE MILTON.

TABLE

Paris. — Imprimerie Nouvelle (assoc. ouvr.), 11, rue Cadet.
R. Barré, directeur.

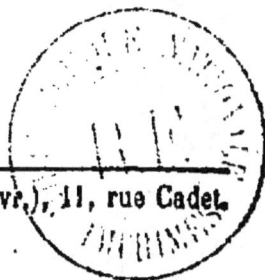

Le Marchand de Venise, 1 vol.; Joyeuses Commères, 1 v.; Le Songe d'une nuit d'été, 1 v.; La Tempête, 1 v.; Vie et Mort de Richard III, 1 vol.; Henri VIII, 1 v.; Beaucoup de bruit pour rien, 1 v.; Jules César...... 1
Sterne. Voyage sentimental 1
— Tristram Shandy ... 4
Suétone. Douze Césars 2
Swift. Voyages de Gulliver 2
Tacite. Mœurs des Germains 2
— Annales. Tibère 2
Tasse. Jérusalem délivrée. 2
Tassoni. Seau enlevé 2
Tite-Live. Hist. de Rome.. 2

Vauban. Dîme royale......
Vauvenargues. Choix.....
Virgile. L'Enéide..........
— Bucoliques et Géorgiques ....
Volney. Les Ruines. L Loi naturelle..........
Voltaire. Charles XII. 2 v.; Siècle de Louis XIV, 4 v.; Histoire de Russie, 2 v.; Romans, 5 v.; Zaïre Mérope, 1 v.; Mahomet Mort de César, 1 v.; La Henriade, 1 v.; Contes en vers et Satires, 1 v.; Traité sur la Tolérance
Xénophon. Retraite des Dix Mille ....
— La Cyropédie..........

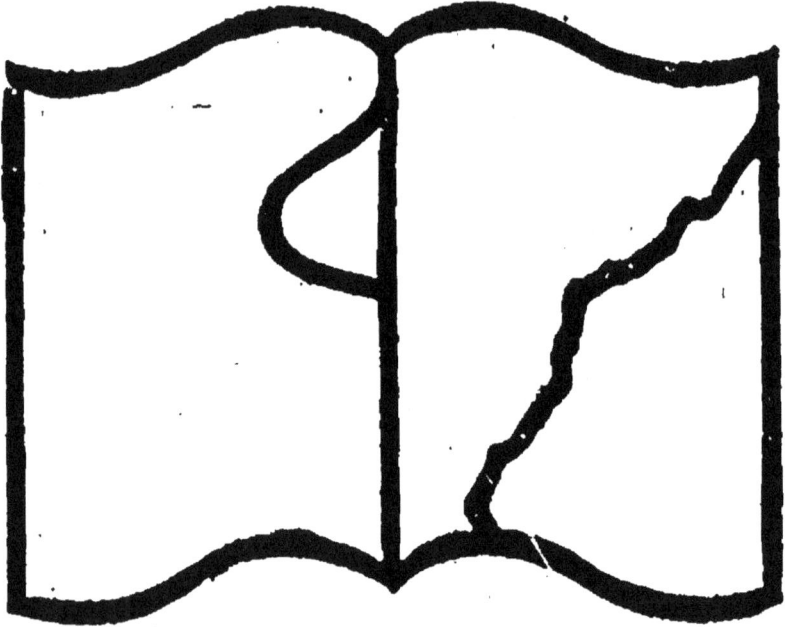

Texte détérioré — reliure défectueuse
NF Z 43-120-11

www.ingramcontent.com/pod-product-compliance
Lightning Source LLC
Chambersburg PA
CBHW052347090426

42739CB00011B/2349